对话

大东北土地上一位平凡教师的教育家精神

冯旭洋 编著

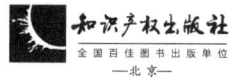

知识产权出版社
全国百佳图书出版单位
—北京—

图书在版编目（CIP）数据

对话：大东北土地上一位平凡教师的教育家精神 / 冯旭洋编著. -- 北京：知识产权出版社，2025.8.
ISBN 978-7-5245-0088-9

Ⅰ．G4

中国国家版本馆 CIP 数据核字第 2025ST8854 号

责任编辑：王颖超　　　　　　　　　　责任校对：王　岩
封面设计：杨杨工作室·张冀　　　　　责任印制：刘译文

对话：大东北土地上一位平凡教师的教育家精神

冯旭洋　编著

出版发行：	知识产权出版社有限责任公司	网　　址：	http://www.ipph.cn
社　　址：	北京市海淀区气象路 50 号院	邮　　编：	100081
责编电话：	010-82000860 转 8655	责编邮箱：	wangyingchao@cnipr.com
发行电话：	010-82000860 转 8101/8102	发行传真：	010-82000893/82005070/82000270
印　　刷：	三河市国英印务有限公司	经　　销：	新华书店、各大网上书店及相关专业书店
开　　本：	720mm×1000mm　1/16	印　　张：	12.75
版　　次：	2025 年 8 月第 1 版	印　　次：	2025 年 8 月第 1 次印刷
字　　数：	160 千字	定　　价：	88.00 元
ISBN 978-7-5245-0088-9			

出版权专有　侵权必究
如有印装质量问题，本社负责调换。

序

教师队伍建设，正成为关乎国家核心竞争力的"新基建"。教育强国建设的深层逻辑，在于教师队伍能否完成从"职业群体"向"文明载体"的蜕变。当每位教师都成为文化根脉的传承者、技术伦理的守护者、人才成长的培育者时，教育便真正实现了从"教育大国"到"教育强国"的根本转变。这是教育强国建设的根本问题——教师队伍的质量高度，决定着国家发展的精神高度。习近平总书记在2024年全国教育大会上提出要"实施教育家精神铸魂强师行动"，"加强高素质专业化教师队伍建设，弘扬教育家精神"，为新时代教师队伍建设进一步指明了方向。国家相继出台了《中共中央 国务院关于弘扬教育家精神加强新时代高素质专业化教师队伍建设的意见》《教育强国建设规划纲要（2024—2035年）》等文件，为建设一支高素质专业化教师队伍，推动教育高质量发展，提供了政策支持与保障。

东北振兴，教育是基础性力量。东北的教育振兴，本质上是文化根脉与技术浪潮的创造性转化。这种转化既需要宏观政策层面的保驾护航，更依赖微观领域每个教育现场的文化自觉。这，或许就是新时代东北教育改革最深刻的启示：真正的振兴，始于教室里的文明觉醒；或许就在于如何以教育家精神的群体性躬耕，重塑教育文化"地形"；或许就在于如何以"没有勋章的践行者"群体，用"顶天立地"的坚守，构建起超越功利的教育价值体系。

沈阳师范大学是东北地区创办最早的两所本科师范院校之一。我曾在沈阳师范大学工作过，与其结下了深厚的情缘。后因工作需要，离开了沈阳师范大学。但无论走到哪里，我都始终关心着沈阳师范大学的发展，心始终与沈阳师范大学在一起。数十年来，我深深地感受到沈阳师范大学所承载的博学厚德、自强不息的奋发精神，情系家国、教书育人的师范品格。本书对话的主体赵芳老师，是沈阳师范大学教师中的一位代表。她所提出的"人间值得""活出学问""先安自己""你高你低""中国立场"等观点，不仅集中代表了她作为人师的卓越精神品质，更代表了沈阳师范大学广大教师的精神底色与弘道追求。

当前，在沈阳师范大学等高校涌现的"没有勋章的践行者"群体，正在重塑东北教育的精气神儿。他们以"天地化育"的教育哲学——既深耕黑土地的教育根系，又对接全球科技前沿——构建起教育家精神的"东北坐标"。这种教育姿态产生的文化辐射力，已超越传统办学范畴，可形成更具吸引力的人才磁极效应。每位教师都成为人才版图的绘制者，让来自国内外的更多学子、家长，认识、理解东北教育，从而产生到东北学习、创业的意愿与行动，这对于有效扭转单向度的人才流失困境，形成人才扎根黑土地的强磁场，重构人才流动的地理坐标系，意义非凡。这，可能才是东北教育最深层的战略价值。

教育家精神的终极检验，在于能否在技术理性中守护教育的人文性。教育情怀的深刻本质，是在算法推荐的时代捍卫思想的力量。这种"素位而行"的教育姿态，正是教育家精神在智能时代的最佳注脚。当教育在这片土地上表达为一场关于自我成长、文化根脉与智能文明的对话时，《对话：大东北土地上一位平凡教师的教育家精神》既是提问，更是宣言。愿每位翻开此书的人，都能体验到教育的温度，感受到人性的温暖，看得到一个"大写的人"。

本书不是终点，而是教育觉醒的起点：当每位教师都成为文化的时代践行者，当每堂课都变成振兴战略的微观现场，教育便真正完成了从"教书"到"育人"的质性提升。

这，或许就是为人师者对"人间值得"的时代答卷：在沈阳师范大学的校园里，在每位教师的课堂上。

这，或许就是为人师者对"自家文化"的可能回答：育人者，当以文化为舟，以思想为楫，带领学生驶向人性的深海。

这，或许就是为人师者对"活得漂亮"的行动答案：在大东北的土地上，"躬身践履""顶天立地"，弘扬"中国特有的教育家精神"。

周浩波

2025 年 6 月

目 录

写在前面 …………………………………………………………… 1

    一、研究问题 ………………………………………………………… 3

    二、研究方法 ………………………………………………………… 3

    三、沈阳师范大学 …………………………………………………… 5

    四、赵芳老师 ………………………………………………………… 5

    五、对话记录 ………………………………………………………… 6

    六、整理契机 ………………………………………………………… 6

    七、研究开展 ………………………………………………………… 7

    八、本书内容 ………………………………………………………… 7

第一章　关于师与生的对话 …………………………………… 9

    一、信和卡片 ………………………………………………………… 11

    二、飞雪迎春与ZJW ………………………………………………… 13

    三、飞雪迎春与Aaa ………………………………………………… 22

    四、飞雪迎春与浅夏花开 …………………………………………… 23

    五、飞雪迎春与笙 …………………………………………………… 26

- 六、飞雪迎春与莴子 ……………………………………… 39
- 七、飞雪迎春与学生们 …………………………………… 40
- 八、飞雪迎春与原源 ……………………………………… 45
- 九、飞雪迎春与过往& …………………………………… 46
- 十、飞雪迎春与张星星 …………………………………… 48
- 十一、飞雪迎春与粉红甜心纪小蓝 ……………………… 52
- 十二、飞雪迎春与七千鱼 ………………………………… 53
- 十三、飞雪迎春与闲人载月 ……………………………… 57
- 十四、学生卡片 …………………………………………… 57

第二章 关于教学的对话 …………………………………… 61

- 一、最好状态 ……………………………………………… 63
- 二、重新备课 ……………………………………………… 65
- 三、板书设计 ……………………………………………… 67
- 四、老兴奋啦 ……………………………………………… 68
- 五、不看教材 ……………………………………………… 69
- 六、融为一体 ……………………………………………… 70
- 七、教学相长 ……………………………………………… 71
- 八、保洁阿姨 ……………………………………………… 72
- 九、平行班课 ……………………………………………… 74
- 十、批阅试卷 ……………………………………………… 75
- 十一、一枝玫瑰 …………………………………………… 77
- 十二、弄错教室 …………………………………………… 83
- 十三、我有自信 …………………………………………… 84
- 十四、一个饭碗 …………………………………………… 86

十五、自自然然 ·· 87

　　十六、薪火相传 ·· 88

第三章　关于成长的对话 ·· 91

　　一、我的父亲 ·· 93

　　二、我的母亲 ·· 95

　　三、童年情结 ·· 96

　　四、入少先队 ·· 97

　　五、中学时代 ·· 98

　　六、大学选择 ·· 98

　　七、北京求学 ·· 100

　　八、广场露宿 ·· 101

　　九、孔子问志 ·· 102

　　十、像陈寅恪 ·· 105

第四章　关于人生的对话　107

　　一、人间值得 ·· 109

　　二、去影响谁 ·· 110

　　三、率性而为 ·· 111

　　四、是一个人 ·· 112

　　五、为人为己 ·· 113

　　六、活出学问 ·· 114

　　七、坐公交车 ·· 114

　　八、学生来信 ·· 116

　　九、素位而行 ·· 120

  十、躬身践履 …………………………………………………… 121

  十一、双向奔赴 ………………………………………………… 122

第五章　关于中华优秀传统文化的对话 ……………………… 125

  一、你高你低 …………………………………………………… 127

  二、嘴角上翘 …………………………………………………… 128

  三、自家文化 …………………………………………………… 130

  四、顶天立地 …………………………………………………… 131

  五、文化基因 …………………………………………………… 132

  六、中国立场 …………………………………………………… 133

  七、蛮幸福的 …………………………………………………… 134

  八、六楼二楼 …………………………………………………… 135

  九、活得漂亮 …………………………………………………… 136

  十、先安自己 …………………………………………………… 138

第六章　关于革命文化的对话 …………………………………… 141

  一、有福气的 …………………………………………………… 143

  二、去靖宇县 …………………………………………………… 144

  三、心路历程 …………………………………………………… 147

  四、星星之火 …………………………………………………… 148

  五、胜似春光 …………………………………………………… 149

  六、大本大源 …………………………………………………… 151

  七、大我小我 …………………………………………………… 153

  八、红色丝带 …………………………………………………… 154

  九、实践哲学 …………………………………………………… 156

十、历史主体 ·· 158

第七章　关于智能时代的对话 ································· 161

一、人文知识 ·· 163

二、文化困境 ·· 165

三、苏轼李白 ·· 167

四、反噬人类 ·· 170

五、谁拖后腿 ·· 172

六、人格影响 ·· 174

七、照本宣科 ·· 175

八、学科本质 ·· 176

九、以人育人 ·· 178

十、像小学生 ·· 180

作为后记 ·· 183

一、可离非道 ·· 185

二、心逐外物 ·· 187

三、教育精神 ·· 187

四、心之所向 ·· 188

五、心是热的 ·· 189

六、回顾来路 ·· 191

写在前面

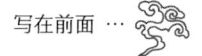

为便于读者更好地理解和把握《对话：大东北土地上一位平凡教师的教育家精神》一书的主要内容与研究价值，将一些基本情况介绍于前。

一、研究问题

本书主要探讨三个问题。一是教育问题：教书，何以育人？二是文化问题：文化，何以化人？三是人工智能时代的问题：人文社会科学知识，何以为知识？其中，所要探讨的最主要的、根本性的问题，是教书育人的问题。另外两个问题，是由这一问题而衍生的问题。

二、研究方法

对于所探讨的问题，并未严格采用"研究方法"。研究方法是近现代以来，教育学所努力追求的学科生存与发展的基本方式。在不断完善的过程中，逐渐形成量性与质性两种基本范式，并成为判断研究成果是否科学的基本标准与条件。两种研究范式都将研究者与研究对象分别开来，视研究对象为客体。所不同的是，量性研究注重统计分析，质性研究注重归纳提炼。而本书所呈现的是一种日常对话，既非量性研究的成果，也非质性研究的成果。也就是说，它没有研究者与研究对象的区分，也没有统计分析与归纳提炼。其与质性研究中较多采用的访谈，亦有不同。陈向明教授在《质的研究方法与社会科学研究》一书中，列举了对话与访谈十个方面的区别，其中的根本区别在于目的性与规则性。❶ 访谈，目的性强，规则性严。对话，则目的性弱，规则性松。

对话，被记录、整理与出版，历史由来已久，是知识生产的重要方式。中西文化的发源处，大多是以对话的方式而被记载的。中国先秦时期的典籍如《论语》《孟子》等，古希腊时期的著作如《理想国》《回忆苏格拉底》等，都是以对话的形式呈现的。苏格拉底擅长采用这种方式，被喻为"助产术"。后世，以对话的方式被记录、整理与出版的著作更是不胜枚举。对话，不仅成为知识的生产方式，更成为中西文化历史长河中的一朵独特的浪花。

对话是对知与行、情与理、实践与体验的言语表达。表达的不仅是实践者对实践对象的认识，更是生命实践与体验过程中，"悟"出来的学问；表达的不仅是理性思辨的产物，更是感情与理性交互融通中，"养"出来的学问；表达的不仅是外在于"我"的客观知识，更是"我"在知—信—行统一中，"活"出来的学问。更为本质上，对话是对生命气象的言语表达，表达了天地中的"我"，怎么"活"、为什么"活"、"活"成了什么样。

---

❶ 陈向明.质的研究方法与社会科学研究［M］.北京：教育科学出版社，2022：165-167.

三、沈阳师范大学

本书对话的主体,是沈阳师范大学的赵芳老师。沈阳师范大学,始建于 1951 年,前身为东北教育学院,1953 年更名为沈阳师范学院,是当时东北地区创办最早的两所本科师范院校之一。1965 年更名为辽宁第一师范学院,1978 年恢复沈阳师范学院校名。2002 年,沈阳师范学院与辽宁教育学院合并组建沈阳师范大学。

在七十余年的发展历程中,沈阳师范大学虽数易其名、几更其地,但始终坚持"博学厚德、尚美健行"的校训,先后涌现出董纯才、车向忱等一大批教育家,培养了一大批知名学者,成就了一大批中小学校名校长、名师等,为辽宁、东北乃至中国的教育事业,尤其是基础教育事业的发展,作出了卓越的贡献。

四、赵芳老师

赵芳老师,1978 年出生于辽宁省鞍山市岫岩县的一个乡村,先后在朝阳乡中心小学、兴隆镇中心小学、岫岩县岫光小学完成了小学学业,在岫岩满族初级中学和岫岩县高级中学完成了中学学业。

1997 年,考入沈阳师范学院。2001 年,考入吉林大学,攻读外国文学方向研究生。2004 年,研究生毕业,回到沈阳师范大学工作。2008 年,赴北京求学,而后再次回到沈阳师范大学工作。从 2004 年至今,其在沈阳师范大学工作已二十余载。

五、对话记录

与赵芳老师之间是对话，而非访谈。因此，基本没有目的性，形式也非常松散。所以，没有准备，没有提纲，更没有预定的时间。一切，都是随时、随地、随缘的。一切，都是自然、开放、朴素的。一切，都是由心而生、随感而发、慨然而歌的。

对话，之所以被记录，是因为在与赵芳老师的多次交谈中，常常为她的思想力量所震撼，为她的人格魅力所折服，为她的教育精神所感动。与她对话，我的脑海中常常冒出来的两句话就是："人，可以这样活着?!""教学，可以这样精彩?!"于是，就产生了进行记录的想法，但"年与时驰，意与日去"。在后来的对话中，虽陆续做了一些记录，但这些记录并未严格按照研究伦理的原则，即并未采用"自愿和不隐蔽""隐私与保密"等原则操作。因为是对话，就随机进行了记录，保持的同样是自然与本色。

六、整理契机

对话，被整理的契机，是在 2024 年 5 月。其时，周浩波教授参加教育科学学院课程与教学论专业研究生学位论文答辩。在答辩总结时，他提出："在教育研究中，有一些研究，是比较好把握的；而有一些研究，是难以把握的。但是，恰恰是这些难以把握的研究，如果问题表述明确、方法选择恰当，往往更具研究价值，更需要深入探讨。希望大家能够在这些方面，多做一些思考、多做一些研究。"周浩波教授的学术观点，对于我开展此项研究，给予了极大的信心、勇气与方向。

随后，广西师范大学原党委书记王枬教授到沈阳师范大学讲学，分享了她在叙事研究方面的思考与成果。是年暑假，我与王枬教授联系，向她请教叙事研究的问题。王枬教授——解答，并邮寄来她出版的叙事研究方面的四本著作。王枬教授的指点、鼓励与帮助，于我而言，教益极深。

七、研究开展

首先，由我的研究生张妍琪、李金梦、张明月进行文字整理。正是她们严谨、认真的态度，才使本书的质量得以保障。

在此基础上，我进行了系统分析、归类，拟定标题。在这一阶段，可能刚刚有点儿"研究"的意味。

最后，经赵芳老师同意，将书稿呈送给她。她在阅读全部文字的基础上，进行了校对与完善。

八、本书内容

对话，呈现在本书中，依然保持着对话的形式与味道。本书共分为七章。第一章是关于师与生的对话，主要呈现了赵芳老师从教以来，学生与她之间的互动对话。其中2004—2018年，学生写给赵芳老师的所有信和卡片，因为屡次搬迁的缘故，虽几经寻找，但已无从找到。第二章是关于教学的对话，系统呈现了赵芳老师如何进行备课、上课、答疑、阅卷等的，体现了其教学态度、教学活动与教学思想。第三章是关于成长的对话，系统呈现了赵芳老师从童年到青年，从青年到中年所经历的家庭教育、学校教育、社会实践、读书体验。第四章是关于人生的对话。系统呈现了赵芳老师"人间值得""率性而为""是一个人""活出学问""素位而行"等可贵的人生观。第五章是关于中华优秀传统文化的对话。在中西文化对比中,表达了赵芳老师对"你高你低""自家文化""顶天立地""文化基因"等的理解,主张人生要"活得漂亮""先安自己",教学中要有"中国立场"。第六章是关于革命文化的对话。系统表达了赵芳老师对"有福气的""大本大源""大我小我"等问题的思考,分享了她的"心路历程"。第七章是关于智能时代的对话。系统表达的是人文社会科学知识的困境、智能时代的人类反噬、诗歌教学、人格影响、学科本质、以人育人的问题。后记部分系统表达的是我在与赵芳老师对话过程中,以及整理对话过程中,所受到的启发与思考。

需要说明的是,整理时尽量保持对话原貌,未对口语化表述进行修改。为了便于读者理解与思考,行文中"[ ]",表示额外添加的被叙述者遗漏的一个词或短语;"( )",表示附加的一个描述性或解释性的词或短语;"……"表示谈话流的一次停顿;涉及的人物姓名,一般用"××"代替。此外,个别口误、用词不当、冗余之处采取径改处理。

对话,是否回答了前面提到的问题,回答得如何,就有待于读者来品评了。

第一章
关于师与生的对话

一、信和卡片

冯：你是 2004 年［参加］工作的？

赵：对，2004 年［参加］工作。

冯：从你 2004 年［参加］工作以后，每年基本上都会收到一些卡片或者信之类的？

赵：刚工作的时候，学生就比较喜欢我，私下也会跟我交流比较多，那几年的时间都是［这样的］。

冯：每一年学生都有送你卡片、发信息，那时候已经开始用手机了，对不？

赵：用手机了，我印象特别深的是我那次在鞍山找到的，我们班至少有七八个学生，他们自己做的卡片，上面给我写了好多话，还包括他们集体去拍大头照，把自己照片都贴在给我的卡片上。

冯：大概是哪一年？

赵：应该是 2006、2007 年的时候。学生写的信，有一个叫任××的，她那个时候对我特别好，因为我身体不好，她就给我画一些小卡片，给我买吃的，画一些小卡通的图画，特别可爱的那种，我都不知道哪里去了。

冯：那是哪一年的？

赵：应该是2006、2007年，都是那个时候，后来这个学生考了首都师范大学外国文学［专业］的研究生。这些年一直都有［送的］，一直到2016、2017、2018、2019年这样的。

赵：任××，其实对她是影响比较大的。而且那一年我［们］班考了7个外国文学［专业］的研究生。他们是2006级的学生。我后来教的2007级的学生是考得最多的。

冯：2007年的有多少个？

赵：那年至少是7个，我记得考得都很好，有南开大学的、首都师范大学的，还有北京语言大学的、福建师范大学的。我以前教的学生都是考名校的，而且我学生考南开大学那年，人家专业课是考第一的。有个男生叫刘×，后来给我写信，他现在在福建福州，也是个中学老师，他当年考福建师范大学的时候，专业课也是第一。我所有这些学生都是专业课考得比较高。2007级的学生，是我最得意的一届学生，考得最棒的。

赵：那班男生有一个是朝阳的，他家庭条件挺好，但不学习，从上大学就各种挂科。后来我教他那一年他听课特别认真，就唯独那一年我那科没挂。

赵：但是，学生送的信和卡片都找不到了。那天我跟我爸说："怎么就能找不到了？"因为去年我俩一起回去的，我当时在家里面看完了，在抽屉里翻出来了，翻出来了之后（就怎么都找不到了），回家后所有可以找东西的地方都找了，然后我以为带回沈阳去了，但是回沈阳，也都找了，都没有。那里不光是卡片，还有真正的纯粹的手

写的信，这些我都找不到了。❶

二、飞雪迎春❷ 与 ZJW❸

2019 年 2 月 4 日

ZJW

老师新年快乐呀~祝您在新的一年里身体健康、万事如意、工作顺利~

ZJW

老师，之前我一直没和您说，现在您不教我了，我终于可以说了！其实您的课是我大学为数不多堂堂课都认真听的课。我其实是比较喜欢外国文学的，不过之前听课听不进去，您的课我听得进去。

ZJW

但是我也偏爱外国文学，更简单点来说，其实我没有那么有文化自信。人一旦带了某些主观想法以后，再去读一些作品可能就不会那么客观。我可能以前就是鼓吹"外国的月亮比较圆"的那种人。但是去年六月我去了次美国，待了二十多天，虽然不是长期居住，但美国给我的感觉的确也不如我想的那样。回国以后听了您的课，其实一开始我有点儿抵触您批评国外的文化，后期我却在想，有些东西是我没有思考明白。

---

❶ 因为屡次搬迁的缘故，2004—2018 年，学生送给赵芳老师的信与卡片已无法找到，下面呈现的是赵芳老师与学生之间通过微信、卡片等方式沟通，整理出来的 2019 年之后（2019 年之前的对话因赵芳老师手机更换等原因，已无法找到）的部分对话。
❷ 飞雪迎春是赵芳老师的微信昵称。
❸ ZJW 是学生的微信昵称。下同。

ZJW

我现在更多地在关注国学。听了您讲的孔子，我突然觉得这个小老头儿也挺可爱有趣的。对于外国的一些文化，我也开始更加客观地去看待。最重要的是，我现在很有文化自信！这一点是多亏了老师的提点，哈哈哈哈哈哈。

ZJW

我其实和老师不是一类人。老师您更加稳重谦虚，但是我就有些飘，我希望我可以改正，哈哈哈。

整体总结下来，就是很感谢大三这个时间段可以遇到您。您的课讲得很好，希望您有更多的热情去给更多的学子传授知识～

飞雪迎春

谢谢××这么用心的信息，着实让人感动，可惜家里这会儿太吵了，没法安静回你的信息。改时间回你。

2019年2月21日

飞雪迎春

看《流浪地球》了吗？我昨天去影院连看了两场，然后就想起还没好好回复你除夕夜的信息。

这片子看一遍，其实是看不出啥东西的。因为影片那种所谓"大制作"所带来的对于人的感官的冲击和震撼，恰恰在一定程度上冲淡和削弱了对心灵层面的触动和启迪。

而片中满满的中国文化自信，却偏偏被无数西方价值观和西方话语笼罩下的影评，给大大消解掉了。

ZJW

老师下午好！我还真没看［过］《流浪地球》，不过我最近倒是想

去看看刘慈欣写的小说~

飞雪迎春

刘的小说，重点更在"科幻"；而这影片，重点不在科幻，至少是中国文化背景下的科幻。我觉得影片改编得特别好！

ZJW

嗯！有空我先去把《流浪地球》给看了。

ZJW

国人对于科幻的态度，更多感觉像是西方独创，我们复制。在影评上很多就先入为主，就感觉是被西方影响太多了。

飞雪迎春

我其实对科幻很不感冒。但很想看这片子，一来是因为感动于主演的人格；二来是因为看了预告片，尤其是片中主演最后选择牺牲自己［时］说的那句"原本我以为家在后面。现在我知道，家在前面"，着实深深打动了我。可惜，这段上映时竟然被剪掉了。影片放映两小时，原本好像两个半小时。精华的部分呵。

飞雪迎春

所以，如果总停留在这个层面去谈影片，那真的把片子糟蹋了，也永远只能唯西方马首是瞻。

ZJW

是的，我觉得我们更应该从这部影片里面提取出来那种精神。

ZJW

家国情怀。

飞雪迎春

这片子，科幻只是个载体和外壳。

ZJW

我一定抽时间去细细品读一下。

ZJW

其实很多影片都是这样，凑热闹的人看个过场，图一时快乐。真正有想法的人才会看进去，去探索影片背后的意义。

ZJW

心中有信仰的人，能走得更远，更义无反顾。我觉得，老师你就是那种心里有光的人，给我这种感觉。

飞雪迎春

是呵，要不怎么孔子要把人分为"中人以上"、"中人"以及"中人以下"呢，而老子就干脆说"上士"、"中士"和"下士"。

人跟人，哪里能一样呢？

飞雪迎春

原本，每个人心里都有光的。

ZJW

有的人，心里的光慢慢就被磨灭了呀，不是所有人都可以保持初心的。

ZJW

我觉得我就在慢慢找光，反正还需要好久的修行吧，我得多看看好书。

ZJW

然后去做一些事。

飞雪迎春

所以，我们都首先努力点亮自己心里的光就好。

飞雪迎春

心中保持着对光的敏锐感知和热切向往，就很可贵呢。

飞雪迎春

光，可以互相映照呀。

ZJW

是的~我觉得靠近有光的人，自己也会被照亮。

ZJW

我们寝室其实有个小姑娘一直喜欢老师来着，觉得老师像她知己。

ZJW

就是老师你的课代表邹××同学。

飞雪迎春

得先让自己背脊挺直了！

当大家都习惯了弯着腰甚至匍匐在地上活着时，能把自己背脊挺直的人，无疑就是一种光亮：原来，人可以这样活！

飞雪迎春

你们寝室的几个同学，我都喜欢。

ZJW

她嘴笨(不是贬义)，可能不太会诉说喜欢什么的，但是我们私下里也会去讨论。如果说我是被老师影响着发现还有新的一条路的人，那她可能就是把老师当作知己了。

ZJW

嘿嘿，我们也都很喜欢老师。

飞雪迎春

嘴笨好呢，"刚、毅、木、讷，近仁"呀。

ZJW

是的!

ZJW

而且她比较善于倾听,我觉得她其实挺愿意学习别人的,一直在找自己的榜样。

ZJW

她其实和老师真的很有缘分,她以前就可喜欢看《大秦帝国》了。

飞雪迎春

嗯嗯,虽然平日没跟她聊过,但透过她课堂上的状态,多少能感觉到一些。

飞雪迎春

是呀,想起来了。

飞雪迎春

第一次提起《大秦帝国》,她就说看过呢。

ZJW

是的,说到这儿,老师你有一点特别让我感动。

飞雪迎春

啥?

ZJW

就是你真的能记得大家平时上课的状态和反应什么的,我一直觉得这个挺神奇的。

飞雪迎春

没啥神奇的!

飞雪迎春

就是一个在意而已。

ZJW

感觉大部分老师是不太在意这些的，老师真的在用心教我们。

ZJW

而且我一直认为，人和人之间是有一个反射的。

ZJW

就是你用心了，我们也真的会感受到。我一开始就是被这个打动了。

飞雪迎春

就像你的父母可以感知和察觉你点滴微不足道的成长变化。

ZJW

我父母要是像老师这么细心就好了，我绝大多数事情都是自己处理。从小到大决策基本也是自己来，我父母给了我很多自由，因为他们也帮不上什么忙。

飞雪迎春

心，是可以互相感应的，你们带给我的点滴美好，都刻在心里。

ZJW

是的，而且不仅是我们，老师你的这份在意，会被更多的学生感受到、注意到。

飞雪迎春

你父母一定在潜移默化中给了你最宝贵和美好的东西。

ZJW

是的，毕竟他们也是第一次为人父母，我还是很感谢他们！

飞雪迎春

就像你说的，不是每个人都能始终保持心中那份光的，而你，却有，正因为你有，才能感知和捕捉到他人心中的光。

飞雪迎春

孩子的优缺点,往往都是父母身上的优缺点,你的美好,也一定来自他们潜移默化的影响。

ZJW

老师这点说得很对,我觉得孩子的确是会被影响的!还有血液里的那些性格因素,有的时候真的很神奇。

ZJW

我就希望我心里头那点光芒最后能慢慢照亮我整个心,然后支撑我整个人。心里没有东西的感觉特别可怕,很空洞、很虚无,人总要有信念、有奔头!

飞雪迎春

所以,孩子最重要的老师,往往不是学校里的老师,而是父母。父母的生命状态,父母的人格,就在形塑着孩子的生命状态和人格。

ZJW

真的是这样,老师更像是一个引路人。不同的老师给学生们展现不同的可能,[把学生们]领到不同的路口,最后还是要看学生们怎么选。而学生们的抉择,往往就来自他们已经形成的心态和人格,这其中很大一部分就取决于他们的经历和他们父母的影响。

飞雪迎春

所以,老师,如果碰巧看似"影响了某个学生",那其实不是老师的了不起,而只是老师的幸运,幸运地遇到一个心中原本就有美好的学生,是不容易的。毕竟,同声相应,同气相求呵。

ZJW

但是没有这个老师,就永远没有这条路和这个崭新的可能。

ZJW

所以老师还是了不起,影响了那么多的学生,这难道不是一种人格魅力吗?

ZJW

这个职业做得好了真的很有价值。

飞雪迎春

嗯嗯,做老师,很幸福!

ZJW

嘿嘿嘿~老师。

ZJW

超级感谢老师愿意和我说这么多,我也真的收获了很多。

飞雪迎春

我也一样收获满满呢。

ZJW

我相信老师一定可以照亮更多的人!像我这种不怎么听话的都被照亮了,哈哈哈哈哈哈……

ZJW

未来老师有时间,还希望能和老师多多聊天!

ZJW

如果我以后成为一名老师,也希望能做到老师这样!

飞雪迎春

那,我就祈祷,新的学期,能够遇见更多像你一样"不听话"的学生。

ZJW

嘿嘿嘿,嗯! 爱您~

ZJW

新的一年，也祝老师万事顺遂，平安喜乐，成为更温暖、更明亮的光源！

三、飞雪迎春与 Aaa

2020 年 6 月 12 日

Aaa

老师，我昨天终于收到了毕业证书，才感觉自己是真正毕业了，可是受疫情影响，都没能和您正式道个别，也很遗憾没能在毕业的时候和您拍一张合照留作纪念。

一次机缘巧合选了您的外国小说鉴赏［课］，与您相识真的是我大学最幸运的事，那段时间一上完课就找您聊天，可能耽误您不少时间，对我而言却有莫大的安慰。每次和您聊完以后，我的心情都没有那么沉重了，回去跟室友们聊天，都说您是我的"太阳"。那个时候我也不知道自己究竟在烦恼什么，就只感觉自己每天碌碌无为，只有上您的课时才能打起精神，集中注意力（虽然有时候也会跑神，嘿嘿）。包括在实习期间［和］试讲结束后与您的交流，让我发现了许多值得思考的问题。我也去看了《银河补习班》，感觉这部电影值得二刷三刷。

与您相遇是幸运的，您的善良与温和给了我莫大的鼓励与安慰，感谢您当初的开导与关照。去年考研失败，今年虽然打算二战，但是换成了学科教学，所以又是一次全新的挑战，但不会再像去年那样掉以轻心了。

以后有时间一定回去看您，再次感谢芳芳老师对我的关照，祝愿老师身体健康，永远开心幸福。

飞雪迎春

是呵，我也总在遗憾，期末那次见面如果不是被各种原因给耽误了，至少也在毕业前见过呵~

不过，于彼此留个遗憾也好，有遗憾可能就会有更多的珍惜和念想，至少我会时常回忆起你听课时的样子，以及后来每次过来旁听，下课后又去我办公室继续交流时的情形，那么清晰，仿佛就在眼前。只是如今回忆中的画面，比当初又多了几分温暖，更多了几分留恋……

有些美好，不仅不会因为时空的阻隔而改变和消失，相反，是会悄悄种在心底，慢慢生长绽放，成为自己心灵深处一种永恒的芳香、愉悦和滋养……

师生之间的美好，从来不是单向的~

突然想起了小王子，想起了"驯养"，想起了他跟小狐狸之间的故事~

祝好！

四、飞雪迎春与浅夏花开

2021 年 7 月 11 日

浅夏花开

我是群聊"19 级汉语国际教育外国文学"的赵××

浅夏花开

老师好！我没有什么问题，就是想感叹一下老师上课真的是思路清晰又生动有趣，让我在复习中经常会灵光闪现，感谢老师！！！

飞雪迎春

呵呵，那是因为你用心了~

飞雪迎春

两门课，听课状态都很好，而且从你的作业看，你是个会听课会学习的孩子。

浅夏花开

哈哈哈，因为老师的课真的很吸引人，可以让本来对外国文学不大感冒的我，也会乐于主动了解它，真的很幸运老师可以教我外国文学。

浅夏花开

老师期末好好休息！！我也继续去复习，希望可以复习全面一点，哈哈哈。

飞雪迎春

如果一个学期的学习，能够果真有一点收获，那是我们共同的幸福呵。

好好复习吧。

浅夏花开

嗯嗯嗯！！我选课时最大的幸福就是看见下学期课表上赵芳老师的名字，哈哈哈。

飞雪迎春

其实是教学相长呢，你们平时好的听讲状态，也会给我动力~学习吧，不用回的~

2021 年 12 月 17 日

浅夏花开

老师好！打扰老师啦！思前想后，还是想来亲自感谢一下老师这两个学期的陪伴。往常阅读文本从来只是看看故事，顺道感受一下作者情感的表达。再不就是为了冰冷的"艺术特色""人物形象"而去刻意选择性地阅读。而从《使女的故事》开始到《椅子》的结束，与老师两个学期的接触，我深刻地感受到了"文学即人学"的蕴意。不再是去阅读文字，而是去阅读作者的心灵，去感受一个时代人们的生活状态。文本的知识随处都是，但思想的传递却是难得的。老师也是一位"托尔斯泰般"的人呀，讲课的时候散发着世间真善美的光晕。每一个上过老师课的学子都是被美好浸泡过的人。不仅仅是思想的升华，在学习的思维上，老师一直强调"要有自己的想法"。不被书本限制住，动脑思考是我一直所欠缺的。总是喜欢背教材、搜论文的我，在这两学期的学习结束后，也习惯于倾听内心的想法，开拓思维。

总之，感谢老师让我真切地感受到了文学的魅力，希望老师往后一切都好！！！

飞雪迎春

刚刚在赶路，身体出了点小状况~没有你说的"打扰"啦~

其实你们 19 级汉教，的确对我具有格外特殊的意义。

从来没有如此完整地历经一年的时间，与一个班的学生走过这样一年的学习生活。也许是时间足够长，才让我们拥有了如此充分认知、彼此也充分珍惜的机会呵。

所以，心底里沉淀、积累和珍藏了无数关于你们点点滴滴的美好，甚至包括课堂上你们每一个表情。

很欣慰还好自己没有误人子弟，更欣慰看到包括你在内的无数同学一点一滴的成长变化,当然,也包括在你们一路的陪伴和珍惜中,我自己的成长。

祝安好!

五、飞雪迎春与笙

2021 年 11 月 28 日

笙

我实在是太喜欢上老师的课了,之前胆子小没敢加老师微信,好后悔为什么没早点知道老师别的课,感觉自己错过了好多。遇到老师之前我是真的不喜欢听文学课,听文学课完完全全是为了完成任务。现在上老师的课最大感受就是上课前期待,上课时享受,上课后满足。听了老师的课才知道文学课可以是这样的,人文学科的魅力原来这么大。

啊啊啊啊啊啊,太喜欢老师上课,有点语无伦次了。

飞雪迎春

上课听讲很认真哦~

笙

老师的课听得最认真了!

飞雪迎春

我其实特别喜欢上小说鉴赏的课,因为是选修课,没有考试任务,所以就不必受限于那些所谓的"考点"。

笙

我也是[上]选修课最快乐、最纯粹。

飞雪迎春

是呢~

可惜今天没能讲课，这部作品特别有得讲呵，下节课吧。

飞雪迎春

不过你们现在期末阶段也没时间旁听课了，还得补课。

笙

要是下学期还有时间，还要去蹭课听老师讲课，真的能收获好多。

笙

还是有的，老师值得！

飞雪迎春

趁着大学阶段，多读一些好书吧，时间其实真的都是自己挤出来的。

飞雪迎春

不是只有考研才要读书，不是只有考教师编等才要读书……功利性的读书是很没意思的。孔夫子说"古之学者为己，今之学者为人"，就是说很多人读书都不是为了自身人格的完善和精神生命的成长，而是为了一些外在于自己的功利性的目的，那样的学习、读书，就异化了。

飞雪迎春

好书真的读进去了，是会滋养人格的。

笙

好久没有老师这样告诉我们了，大环境让我们干什么都带着些功利性，真的只有看书的时候是为自己的兴趣。

飞雪迎春

人很容易受限于大环境，但也可以超越于大环境，全在于自己的选择。

飞雪迎春

我手里有一本朱熹的《四书章句集注》，就是我那天上课时，给你们看的那个做了好多批注的。前段时间网上有活动，我就又买了一本，也没用。你喜不喜欢读中国文化经典呀？喜欢的话，就送给你~

若是不感兴趣，就实话实说，别不好意思，我喜欢说实话的孩子。

笙

啊！谢谢老师！我喜欢！呜呜呜，老师我喜欢！！！您什么时候有时间呀？我去您办公室找您拿书。

老师老师，您能不能在扉页上给我写点字呀，我特别喜欢您，想留个纪念，珍藏这本书！

飞雪迎春

这于我是一个"惊喜"呵……

这是一份直抵灵魂深处的温暖，亦是一份值得珍藏一生的感动，更是一份从此沉淀在心底，并将绵延整个生命的，伴我走此后人生长途的最深沉的动力和支撑。

虽然并不求有人懂，但果真有人懂自己，那又是何等意外而奢侈的幸福啊！谢谢你，你让我流泪了，因为你的文字让我真切地感受到了什么叫作"血是热的，灵魂是干净的"……

而且你的样子，总是让我不由自主地想起一个多年前教过的学生，最喜欢的也是最心灵相通的学生，她叫任××，现在在北京一所重点高中［当老师］。

你的样子,像极了她!

笙

从小到大自己就不太会表达,写这个其实改了好多遍,总感觉表达不出来自己想说的,老师发的消息在图书馆边哭边看,遇到老师真的是人生一大幸事了。

突然恨自己不会表达,身边的好多人都说读书越多越自私,我不认同,老师就不是那样子,老师真的是个超级超级温柔的人!

以前别的课,结课心里没什么感觉,结束了就结束了。但是,今天下课真的舍不得,还想继续上,还没学够呢。

以后的路还有很长,自己会带着这份从老师身上学到的东西坚持走下去的!

笙

边哭边写的,可能没什么逻辑。

飞雪迎春

真是个"傻"得可爱的小孩儿~

我们之间聊聊天,哪里还要什么"逻辑"。

何况,在我这里,逻辑从来都不是什么生命的根本,而最好的表达,也从来都不在于华丽的辞藻、精巧的构思,等等。

一份人之为人的赤子之心,一份来自心底的、真诚的、纯洁的、炽热的、自然的情感,便是最好的无须任何修饰的"表达"!

所谓"文自肺腑出,发自动肺腑"就是如此,人生最可宝贵最可珍重的,不过就是这样一份"发自肺腑"的带着生命的温度的情感。它无法不让人"动肺腑",它无法不让人破防。

那一份书写,工工整整,干干净净,连一个涂抹和勾画都没有,是花了怎样的专注和热诚呵!

刚刚在坐公交车，终于到家了，就迟了一点回复你。

你也好好去吃晚饭，好好复习功课吧。

结课，我也一样舍不得。

在我心里，课虽然结了，但很多更加美好更加值得期待的东西，才刚刚开始……

笙

每次老师发的话都会偷偷读好几遍，会收获很多的，越来越崇拜老师啦！我也相信，更美好更值得期待的东西才刚刚开始！老师也快去吃饭！新年愿望之一，就是以后还有机会去蹭老师的课。

飞雪迎春

你发给我的话，我也一样"偷偷读好几遍"，也一样"收获很多的"。

好的，我去做晚饭了哈~

2021年12月17日

笙

昨天晚上上完最后一节课，除了感叹大学时光过得快，好像没有什么特别的感受。今天看老师的话突然破防，从小学开始，我们的"翅膀"就被折断，不需要自己有什么想法，几乎是按照家长的规划前进，大学上了这么久，也感觉"弄丢了的翅膀"，好像找不到了。但是老师的话有魔力！！看完老师的话，又感觉可以找回来，这种感觉真的很奇妙！！！猫在书架里删了又写，写了又删，还是感觉表达不出来什么，呜呜呜，太喜欢老师了，爆表的那种喜欢，溢出来的那种喜欢，是我崇拜的偶像啊啊啊啊啊啊，没控制住又叽叽了这么多。

飞雪迎春

翅膀可能会在一［段］时间"折断",但永远不会"丢失"哦~而且受过伤的翅膀,经过修复,再重新展翅高飞时,会更加坚强、更加有力量呢。

而且不是我的话"有魔力"啊,是你自己的心中原本就深植着最可宝贵的美好,你有着一颗非同寻常的能够捕捉和感受美好的心,这才是你真正的"魔力"所在啊,是任谁都无法剥夺的那种。

2022 年 1 月 1 日

笙

老师新年快乐啦啦啦~新的一年把日子过成诗,有洒脱豪迈,又有温柔浪漫,顺顺当当、健健康康、喜乐安好!

笙

还有最近回家,终于可以安安静静地拿出大把时间看老师送的书啦,喜欢晚上夜深人静的时候边听杨立华老师的课,边记"笔记"的感觉!太宝藏了!老师的推荐超级 nice!还是要偷偷说一句,在老师身上学到好多东西,这次回家妈妈都说我变了个样。老师真的是我大学的贵人,每次和老师说话,都会控制不住叽叽地说,老师不要嫌我话多,实在是太喜欢老师了。

飞雪迎春

新年收到的第一份祝福,最走心的,带着温度的。

飞雪迎春

哪里会"嫌"你"话多"呵,珍惜还来不及。

飞雪迎春

其实书虽然是送给你了,也跟你推荐了杨老师的课程,但我真的

没有想到你竟然会如此认真，如此当真~

孔子称赞自己最喜欢的学生颜回曾经说"回之为人也，择乎中庸，得一善，则拳拳服膺，而弗失之矣"。

其实，无论是历史中，还是现实生活中，从来都不缺少美好的人，美好的事，美好的道理。缺少的，只是我们对于这些美好的感知、体认、珍惜乃至脚踏实地的践行。

飞雪迎春

能够对一切的美好都"当真"，能够像颜回那样"得一善，则拳拳服膺，而弗失之矣"，真的是人生之大幸福。

飞雪迎春

这才是最正确的"打开寒假的方式"呢。

笙

以前假期都躺平，这个寒假有了计划，这几天执行起来真的挺充实。今天偷个懒，明天继续自习室！老师送的那本书，对我来说不单纯是一本书，可以说是我人生的一个转折点，之前想当公务员，是不想面对［竞争］那么激烈的考研，想"躺平"，但是和老师那天说完话，突然不想过那种一眼望到尽头的"平静"生活，再逼自己一次，再拼一拼，再多学点东西，人生还是有无限可能的哇。每次和老师说话都能不知不觉写一堆，不打扰老师啦！去超市采购一圈儿。

飞雪迎春

嗯，西方意义上的"学习"，更主要的是"学知识"，是一种偏于外在的学习；而中国意义上的"学习"，则不仅仅是"学知识"，甚至可以说，"知识"从来都不是中国式学习的根本。

学习做人，学习不断修养升华自己的人格，学习不断提升纯洁自己的境界，学习不断安稳踏实自己的人生，总之，学习的指向首先是

"向内"而非向外，即通过学习，让自己的生命状态得到改变和完善，进而才可能有益于国家和社会。这就是"修身齐家治国平天下"的道理呵~

2022 年 1 月 25 日

笙

先祝老师小年快乐啦！记下来了！正好假期事没那么多，有大段时间可以看，绝对信任老师的推荐。

《四书》天天看，但是发现我看的速度远比我想的要慢许多，有时候一句话我能看半个小时，真的是智慧啊，越看越感觉自己需要学习。

飞雪迎春

《四书》这样的经典，看快了，就没意义啦~就是要一字一句地读，不要贪多求快，否则这个读书过程就变成了纯知识性的获取，而非慢慢体会逐渐内化的精神滋养和人格塑造的过程。

笙

是的！就算读完再翻一遍，也还是有收获的！确实像老师说的一样，是一本"案头书"。

飞雪迎春

就像杨老师说的那样，《四书》这样的经典，是锚定你人生的，因此，也是需要调动起自己过往全部的人生经历和思考，来融入这个阅读过程，才能有真正的人生收获的。这也是中国经典不同于西方经典的根本所在，它必须参与你生命的过程，而非像西方学问那样可以外在于自己的人生，可以只作为一种客观的知识。

飞雪迎春

年龄不同,阅历不同,思考深度不同,读出来的经典就跟着不同~

飞雪迎春

我读研时自己读《论语》,就啥也没读出来。

2022 年 11 月 5 日

笙

昨天和老师聊完自己一个人想了挺久,晚上和妈妈视频也说了以前和今天想完之后的感受,可能自己以前真的陷入一种误区,也没想过总结,确实是身在福中不知福,这些无形的财富带给自己的价值好像都习以为常,只会记得短暂的责备,老师今天说完换个角度想真的恍然大悟。每次和老师说完话都会收获满满,在老师身上学到的远超过书本,真的会受益终身,很幸运[在]大学遇到老师。

昨天听老师嗓子哑,还和我唠了那么久,可以试试甘蔗煮雪梨,以前嗓子不舒服,妈妈都会给我来一杯,身体最重要!老师要照顾好自己。

飞雪迎春

其实即使没有我跟你说那些话,慢慢你自己也会明白的,因为你这样好的孩子,会在精神上不断地有新的成长,而长大了自然就更加懂事了,懂事了自然就更加懂得珍惜和感恩了。

人往往都是这样的,对于近在眼前的幸福、对于身边人的好,总是不容易感受体察,我也一样,但我们都会成长,就会逐渐去克服掉很多原先不自知的缺点。

而且你更应该珍惜自己的美好!还是那句话,拥有一颗善良正直纯洁的心,是一个人最大的幸运和福气,它是你一生幸福的根本前提。

我也很开心跟你聊天,让我听到了那么多又有趣又美好的小故事,对我也很有启发,真的。

嗓子没什么大事,上完课就那样,很正常,休息一下就好啦。那个班就只有六个学生返校线下上课,就是你上次去送湿巾的那个班。就这几个学生,相对来说上课还是轻松的,另一个班也就不到二十人,返校人数都不多,还不算太累。

2022 年 11 月 15 日

笙

老师,我能再找您说说话吗?从小到大没经历过亲人去世,我不知道该怎么办。姥姥去世这件事从年初开始到现在,压在心里好久了。以前一直觉得自己还能顶住,想到姥姥实在难受自己哭完就能好点,这次真的不太行。一直以为自己能慢慢走出来,但是好像真的做不到。

飞雪迎春

当然可以啊。

笙

那老师什么时候有空,我去找老师。

飞雪迎春

人有丰富细腻深沉的情感,是好的,尤其是在当下,就显得更加难能可贵。

但切记,无论哪种情感,都必须要有"度"。如果过度了,沉溺、陷入某种情感当中,不能自拔,无法解脱,为情所苦,那原本美好的情感,就反过来变成既伤己很可能也伤人的东西了。

我们可以见面交流，但我希望见面时，你自己已经走出来了，而不是向我倾诉。

还记得小时候受伤，妈妈坚持让你自己洗漱的事情吧？那天我是怎么说的呢？人生所有的关口，所有的困境，说到底都是要靠自己走过去的，所有的痛，无论是身体上的还是精神上的，从根本上讲，也还是要靠自己去扛的，别人其实帮不了你。你说呢？

飞雪迎春

人生本就有各种各样的痛苦和不幸，但人生也一定还有比痛苦和不幸更高的东西，而这"更高的东西"，恰恰就是我们去化解和战胜痛苦的根本所在。想想自己当下最该努力的事情，最该投入精力的事情，自然会转移那种"难受"，但如果一味聚焦于这件事，并不断强化和暗示自己"走不出来"，那就真的会"走不出来"了。有些痛苦，其实是自己给自己营造的。想想是不是这个道理？

飞雪迎春

我希望明天见面时，你是带着自己已经"走出来"的一份轻松，而不是怀着"求助"心理的那种沉重。

笙

我会做到的，假期以为自己想明白了，平时也没什么事。这次因为在食堂看到了一位特别像姥姥的人，就是记忆里想了很久的人突然出现，压在心底的感情突然爆发，可能突然不知道怎么处理，我会好好调整的！

飞雪迎春

人都会有瞬间破防的那种时刻，能理解你的心境。

飞雪迎春

但不希望你一直带着这种持续的伤痛。

飞雪迎春

相信明天一定会看到一个更加坚强的、轻松的你。

笙

会的老师，明天我会调节好自己的。

2022 年 11 月 24 日

笙

视频看了三遍，又去搜索听了两遍完整版，真切感受到了中国从古至今说的修身齐家治国平天下。"余年还做垅亩民"已经遥遥无期，明知不可为而为之，可能就注定没有余年，知遇之恩用一辈子报答，好像突然就明白初中《出师表》里面的"鞠躬尽瘁、死而后已"的意思了，这就是老师说的家国情怀，边写边感觉这个视频后劲好大，真的有点想哭。

总有人在各种场合说我们这是一个没有信仰的年代、是一个文化缺失的年代，说得久了人们自己都信了，真的把老祖宗的东西都丢了个干净，但是听完看完感觉我们只是被包裹在各种负面言论之下没了自信，唉~

笙

写得不好，老师将就看。感觉表达不出来我的全部感受，表达能力真的太差了。

飞雪迎春

以后可不许再说"写得不好，老师将就看"之类的话呵~

我只是自己特别喜欢《三国》，前天又碰巧在 b 站看到这个视频，我自己几乎把完整的《卧龙吟》单曲循环了一个上午，也不知道跟着流了多少眼泪。推荐给了最好的朋友，今天突然就想让你看看，因为我确实觉得这些才是真正能够支撑起我们的生命、拓展我们的精神空间的东西。物欲横流的时代，精神空间都已经被挤压到几乎消失殆尽，所以，我们才会活得如此无力，如此软弱，如此倦怠，而又如此局促。

年少时看《三国》，喜欢看诸葛丞相的神机妙算、运筹帷幄、春风得意，现在年长了，经历的多了，就对视频中"明知不可为而为之"这个解读角度更心有戚戚，也更能从中体会出诸葛丞相人格的深度和厚度。

飞雪迎春

以后如果我给你发什么东西，你自己看看就好，可真的不是给你"留作业"呵，不然我就不敢给你发了。

飞雪迎春

那岂不是变成了你的负担~

笙

才没有当成作业。

笙

我很喜欢老师发给我的东西。

飞雪迎春

就是希望你能够在紧张的备考中，有一些更深沉更厚重更持久的力量。

飞雪迎春

作为中国人，这是我们的根，精神之根！根扎得深，扎得广，日后的生命，自然就会枝繁叶茂！

飞雪迎春

那我就没有负担啦。

笙

是的！这属于长跑加加油，才有动力。

笙

看完就感觉心静，没那么躁了，要不然有时候背得自己都想发会儿疯。

飞雪迎春

因为我们考研的目的都变得太功利，太现实，主要是都太个人，很少包含着超越性的目的——超越于一己私利的目的，我们很少有那种"为了家国""为了苍生"这种宏大的关怀和担当，所以就容易慌乱，容易焦虑，乃至容易"崩溃"呵！

如果有了一个超越性的理想和志向，眼前的学习就不再是指向一个切近的短期的个人目标的实现，而是指向一个长远的宏大的关怀，就不容易那么患得患失、战战兢兢啦！

这个 up 的空间，有《三顾茅庐》的上、中、下三集，都极好。以后复习累了的时候，你可以持续"加油"。

六、飞雪迎春与茕子

2021 年 12 月 13 日

茕子

老师，今天是最后一节课了，以后也上不了您的课了，真的想说谢谢您！就是感觉每次您上课都是充满了感动，感觉您自己也感动，我听您讲也特别感动，特别感谢。真的很荣幸能上您的课。

飞雪迎春

谢谢××，谢谢这份直抵心底的温暖！

其实对于一个教师而言，最大的幸福莫过于自己所有的努力，能够在课堂上收获一张张认真的、专注的，或感动、或欣喜、或有所领悟的笑脸。

而这一切，在你，在同学们那里，我都真真切切地感受到了，所以，我也一样幸福并感动着！

七、飞雪迎春与学生们

2021 年 12 月 17 日

飞雪迎春

写完《苍蝇》的这部分内容，恰好看到了徐××的这段感慨：

"本科阶段的最后一节课上完了，我的青春好像也结束了……"

最后一次课，两个班的课都上得跟打仗一样紧迫，以至于连个学期末的道别都已然变得奢侈并且不可能。那就把今天写的这部分关于《苍蝇》的内容送给大家吧。

其实，本科阶段有形的课，可能已经上完了，但无形的课，应该刚刚开始才对。

换言之，我们很多人可能都曾经像俄瑞斯忒斯那样"在大地上漫无目的地游荡，成千上万条道路从自己的脚下飞逝而过"，我们也都很容易就终日生活在别人给我们指定的、派定的生活目标、生活方式和生活道路当中，而从来没有去问一个为什么。

周一那天在一班上课，当我讲尤奈斯库的《椅子》时，同学们的脸上所浮现出的越来越惊惧、越来越紧张的神情，以及教室里越来越清晰而强烈的寂静，真的把我深深地打动和震撼了。那一刻，我再一次真切地感受到了文学经典对于人的灵魂的那种震撼和启迪，更感受到了三尺讲台所承载的那份厚重和神圣!

正因如此,我想在大学阶段,真正重要而宝贵的,其实不在于你上了多少门课,学得了多少知识,而在于你在这个人生阶段,开启了怎样的思考,收获了怎样的感悟,进而确立了怎样的志向,以及准备选择怎样的人生道路。

真心希望我们每一位同学,在自己的大学生活结束的时候,都能够自信而坦然地说:我明晰了自己的确信,找到了自己的热爱,确定了自己的道路。虽然它未知,虽然它充满着各种不确定,但是,它是我的路,属于我自己的路!

笙

两个学期过得很快,学到很多、收获很多,以后会带着从老师这儿学到的东西坚定地走下去,虽然结课了,但许多美好的值得期待的东西才刚刚开始。

雨过天阴

感谢老师一年来的教诲和教导,老师辛苦了!未来[我]一定在学术上更加严格地要求自己!在学术上有所成就!!

粉红甜心纪小蓝

感恩老师两个学期的教书和育人,上您的课,真正切实感受到文学的力量与温柔,感恩老师为我们带来这种洗礼与感动。感恩您!

阿静!

感谢能在大学中遇到您这样优秀的老师,教会了我很多,不仅是知识,更多的是人生道理,感谢老师!

虚壹而静

两个学期的外国文学课带给我的不只是知识层面的增广,更多是精神层面的升华。非常感谢赵芳老师一直以来对我们的悉心教导,我们一定会找到属于自己的那条路,坚定地走下去。

姜××

感谢老师一年的辛苦付出和细心教诲,您总是能用简单生动的语言将长篇作品在我们的眼前展现开来,感谢老师传授的知识与人生道理,感恩老师!

若暄

感谢老师两个学期的教导和陪伴,您的课不止是知识的传授,更是精神的陶冶与洗涤,感恩在学生时代遇见,有幸成为您的学生!

夜行书生

感谢老师带来的思想的力量和做人的道理,还有带给我们强大的内心,虽然我不强大,但是您带给我们真正的寻求自我,是无限的,还有品格的力量,以及我们的大学真的要如何度过。大学之道,在明明德,在亲民,在止于至善,虽然您讲的是外国文学,但是您教会了我们困境时候的心境,永远"竹杖芒鞋轻胜马,一蓑烟雨任平生"就是。总而言之,言而总之,在您的课上,用文学来生活,用文学来提出当代意识、社会意识,做一个真正的中文人,它不是知识,而是精神。谢谢老师!

原源

真的特别感谢老师对我们的指导,每次都很期待上这节课。老师课上的内容非常丰富,不仅是知识方面,还有生活和人生方面。每一堂课都让我感觉很温暖。

老师温温柔柔,我们可可爱爱,学习到的都是满满的坚强和启迪。谢谢芳芳老师!

煎饼摊在职煎饼果子

感谢老师这一年的教导,您给我们带来的远不止是知识,还有更深的思考。真的非常喜欢您，我们和您是双向奔赴。谢谢老师！

江江

感谢老师一年来的悉心教导，让我感受到作为老师不仅是传授知识，也是在帮助学生塑造人格，为人师表的责任与担当。老师讲课讲得太好了，老师的眼光也非常独到！老师性格也很好，对同学都超有耐心！谢谢老师！

星星

感谢老师这一年来的教诲与关怀，师恩就像我生命中的一道彩虹，即使不出现在雨后，彩虹一直在我心中散发着圣洁美丽的光辉。回顾以往课堂生活，心中充满了感动，希望老师多多注意身体，累了就休息一会儿，身体是革命的本钱。生活明朗，万物可爱，未来可期！真心谢谢老师啦~

19 张××

这门课程的结束真的很不舍，每次［上］课都觉得时间过得好快，怎么这么快就下课了。老师温柔又坚定地带着我们遨游在文学的魅力殿堂里，告诉我们一定要学会自己思考，突破别人给定的刻板［印象］。好幸运可以遇见这样的老师，学到的远超过书本上的知识，希望我们都会在种种不确定中找到属于自己的路，希望我也可以成为这样温柔又有力量的老师。

19 汉教杨×

大学的意义不仅在于学习理论知识，更多是学着怎么与这个社会接轨，怎样成为一个合格的人。

感谢老师给我们接受"洗礼"的机会，永生难忘。

2025年2月2日

学生1

芳芳老师,我刚看见群里信息,真的破防了。上您的课,真的不只是学到书面上的知识,您的课给了我另一种看待世界的视角,让我对这个世界有了更多的思考以及反省。真的感谢您,还有您说的"支撑着老师的不是各种技巧,而是热爱"。我更坚定地想做一名像您一样的老师。但我也不想跟您说什么再见,我会一直和您保持联系的,即使毕业了也会联系。因为我早就把您当朋友了。不想伤感地道别。

学生2

芳芳老师您好!

2021年对我来说是充实的、美好的一年,而您和您的外国文学课是我这一年中的美好最重要的组成部分,非常幸运能够遇见您,感谢您曾带给我那么多的感动与力量,每一次听您的课都觉得是一种疗愈。

新的一年,会带着您的期盼,继续朝着自己所热爱的不断努力!

谢谢老师,老师辛苦了!

学生3

老师,这一年过得真的好快!经常跟室友说,上完一次外国文学课就会感受到一次精神熏陶。这句话真不假,有好多我心里想的但是表达不出来的话您一说出口,我就有被点透的感觉。三尺讲台,化育人心。这句话我原本没有太深的感受,上完您的课,我真切地感受到了这句话的内涵。感谢您这一年来的辛苦付出,我会带着您的期盼,坚定地奔着自己的目标走下去。谢谢您!您真的温暖又有力量!我永远爱您!

学生 4

老师好,突然加您[微信],可能会有点突兀,本来想最后一节课下课当面问您方不方便加微信的,但还是没好意思,嘿嘿,真的很喜欢您~感谢您两个学期的教导,教给我们的不仅仅是书本上的知识,更让我们感受到了文学的魅力。您对于生活的态度和许多观点对我们也产生了积极的影响,引导着我们形成自己的思考,找到属于自己的方向。希望以后我也可以成为像您一样好的老师,带给学生的不仅仅是书本上的知识,更帮助学生学会思考,帮助他们找到自己~谢谢您,老师辛苦啦!

八、飞雪迎春与原源

2021 年 12 月 17 日

原源

老师好,嘿嘿。

刚刚看了老师在群里发的消息,我真的好感动啊~

我们都特别喜欢您的课,超级爱。我小室友还和我说,每次上课都是精神的净化,每周一次心灵的启迪。

飞雪迎春

其实,每一次给你们上课,也同样是给我自己的心灵充电的过程。

九、飞雪迎春与过往&

2021年12月17日

过往&

您讲过这么多作品，我有很多很喜欢，从对国外的文学知之甚少，或者是自由式散漫阅读到从研究者的立场，从更客观的角度看待文学。《变形记》的主人公和自己竟然有那么一丝丝像。下午您在群里的一番话，让我在图书馆破防了，几度情绪失控。不知为什么，从您这里得到的，远大于预期，也真的很感谢能和您有这么多的探讨和交流。我以后会保留阅读的习惯，也会和您多交流，不只是为了未来的考试，我真的发现了很多之前错过的美好。谢谢您，发自内心的。

过往&

有朝一日，我一定会站在讲台上，向同学们讲述我眼中的卡夫卡，讲述那些外国故事，不是粉饰太平过的，不是卑微乞怜的态度。

过往&

您一定要注意身体！多保重！

飞雪迎春

美好，从来都不是单向度的，也是因为你和大家一路的珍惜和陪伴，让我的心里也沉淀和积累了无数的美好和感动。

每每有那么一刻闲暇的时光，搜索一下记忆，课堂上大家一张张专注热情的笑脸，便总会清晰地浮现在眼前。

这一年，收获了很多的美好！

飞雪迎春

我相信约定实现的那一天！

2023 年 12 月 23 日

过往 &

阿芳老师！不知您近来身体可好？我经过半年的折腾，虽然没有继续读研，但是进入了广东实验中学工作，现在在广州也算是安身立命了。怀揣着当初的梦想，我真的用我自己的力量为大家讲述了外国文学背后的故事，《变形记》也好，《玩偶之家》也好，感谢您当时的倾情教诲，未来虽然我去了小学段工作，但是我会积极开设文学阅读课，将您带给我的那份文学感动，无限传承！

过往 &

希望您身体一直康健！

飞雪迎春

谢谢××！

时间过得好快，与你们一起的那些美好的课堂时光，好像都还在眼前，甚至包括你上课时习惯坐的位置，听讲时的样子，都还是那么清晰。一直都珍藏着那些过往的感动……

2024 年 7 月 6 日

过往 &

依旧还记得阿芳老师的教诲，做个柔软的人。我升职了，下学期起担任省实验荔湾学校语文教研组长，语文学科负责人。期待能做出更好的成绩，自信地说我是阿芳老师的徒弟！

2024 年 7 月 7 日

飞雪迎春

无论是曾经参与你的成长，还是当下分享你的成长，抑或是期待未来你新的成长,都是我深深的幸福!

记得 2007 年电视剧《恰同学少年》热播的时候,有一段剧情特别打动我,那就是青年毛泽东在课堂上问老师杨昌济先生的"理想"。杨先生沉吟片刻,回身在黑板上写下"自闭桃源称太古,欲栽大木柱长天",继而说道:"杨某一生无为官之念,无发财之想,悄然遁世,不问炎凉。只想于诸君之中觅得三五良才,育得参天之大木,为我百年积贫积弱之中华,撑起一片自强自立的天空,则吾愿足矣!"

"欲栽大木柱长天"。

我想这应该是刻写在我们每一个教师心底的信念和初心吧。

共勉!

过往 &

每次都会被您的真诚所触动,愿共勉!

飞雪迎春

我们从来都是双向的感动和激励呵!

一起努力,一起成长。

十、飞雪迎春与张星星

2022 年 3 月 2 日

张星星

小芳老师,我们今天来上老师的课的时候,听同学说老师生病了,我们都很担心您,希望老师保重身体,照顾好自己。

可能后面要回家实习,没有机会来上老师的课了,但是我们都非常想念老师,希望毕业时有机会来找老师照相。

张星星(疫情期间,学生毕业无法与老师面对面话别,因此学

第一章 关于师与生的对话

生在教室的黑板上写下祝福的话语——如下文所呈现，拍好照片发给赵芳老师，以留作毕业纪念。）

桃李芬芳，教泽缔长——赵芳

身体健康，岁岁平安

得遇良师，春风化雨，人生至幸——学生张 ×

张星星

写了两句话，祝福老师，爱您！

飞雪迎春

可能是病的时间太久了，脑子有些迟滞，以至于一遍又一遍地读着你用心写在黑板上的留言，竟不知如何表达自己内心深处那份最沉甸甸的温暖和感动。

谢谢你们的记得和珍惜，而与你们一起走过的日子，也同样是我心底最珍藏的记忆。

我要尽快好起来，然后等你们实习归来。

张星星

我们等您老师，抱抱您，好起来，沈师阳光明媚，就等小芳归来。

2024 年 12 月 28 日

张星星（该名同学在沈阳师范大学毕业后，考取重庆师范大学研究生，在研究生毕业之际写给赵芳老师的话语，以及研究生毕业论文中致谢部分的内容）

小芳老师晚上好！

三年前的六月我从沈阳师范大学毕业，三年后我又即将从重庆师范大学毕业。

这几年中我努力接受学业、工作、家庭等课题的考验,在每个重要又艰难的时刻,我都十分想念小芳老师。

毕业之际,当我写下论文致谢的时候,已经泪流满面,而把小芳老师写在我的致谢里面,传达我对您的思念,今后我在教学生涯的每个好消息,也要与您分享。

爱您!

张星星

致　　谢

行文至此,百感交集。研究生三年,没有遗憾,满载收获与感动。在此,向帮助和影响过我的老师们表示衷心的感谢。

首先,我要感谢我的论文指导老师刘××教授。刘老师,微信昵称"剑影",其头像是一只黑白小狗,在无数个迷茫的时候,这个头像是我的定心剂,我总是能收到温和又耐心的语音回复,我的其他同学都很羡慕我能有这么温柔又博学的导师。工作上,刘老师言传身教,严谨细致、一丝不苟。学习上,刘老师循循善诱、不拘一格、踏实严谨。常令我想起孙悟空的师父菩提祖师,他们都有和煦的微笑。我曾以为,师徒之缘分会随着毕业而结束,但是每当我的学生拿着作文惴惴不安又满心期待地看向我时,我亦学着刘老师的样子教而导之,此时,我既是一名老师,也仍是刘老师的学生。

其次,我要感谢我的外国文学老师赵芳老师。时常想念赵芳老师,"经师易求,人师难得",衷心感谢赵芳老师对每位学生倾注的心血和精力,授以学术素养,教我们为人处事。我时常回忆起那些午后,一尺讲台,明亮的眼睛,铿锵有力的声音,小小的身躯却如同夜空中最亮的萤火照亮我。每当我也站在这样的讲台,学着她的模样讲课，看见学生们亮晶晶的眼睛，我仿佛也变成了一只萤火。而当我在讲台下遭遇挫折并暗自神伤时，小芳老师的模样便会浮现，我会在脑海中不断问自己："赵芳老师会怎样做？""赵芳老师会放弃吗？"不！赵芳老师是一名战士，而我，作为她的学生，也必将拥有同样的姿态！

恩师对我的言传身教使我终身受益，寥寥数语不足以表达我对恩师深深的敬意和无限的感激，在此谨向刘老师和小芳老师致以最真挚的谢意和崇高的敬意。

最后，我要感谢我的"后勤"老师小王。感谢在我学习过程中给予充分的"后勤"支持与理解，以及生活中无微不至的照料，让我心无旁骛地投入我的热爱。感谢多年来的包容爱护与期盼守望，做我坚强的后盾，见证我的步步前行。亦师，亦友，亦亲人，是幸运，更是幸福。

感谢这一路上让我奔忙、挣扎、沉淀、成长的岁月，感谢那个一直不屈服于命运、一直努力的自己！

我即将告别学生时代，由此走上属于我的讲台。愿在今后仍能坚守教师初心，努力绽放人生精彩。

飞雪迎春

平静了一下心绪，才来回复你的信息。

刚刚一直在问自己，究竟是什么让我竟至于泪流满面。不仅仅是因为自己被记得，并且被写进了那"致谢"当中，其实真正让我感动的，恰恰是那份最为难得也最可珍贵的被人"懂得"。

现在上课，有时会担心自己与学生之间有"代沟"。这代沟不是年龄层面的，甚至也不是兴趣爱好层面的，而是价值层面的。也就是说，担心自己所期待的，所向往的，所热望的，所感动的，却不是学生所期待、所向往、所热望和所感动的。

然而，读着你的文字，升腾着来自心底的温暖，"海内存知己，天涯若比邻"，这诗句中所蕴藏的美好，便不再抽象，也不再遥远！

所谓"同声相应，同气相求"。因为懂得，所以才能记得吧……

飞雪迎春

翻看了此前的聊天记录，一样的想念你！

飞雪迎春

也期待能够分享你日后成长的消息。

十一、飞雪迎春与粉红甜心纪小蓝

2022 年 7 月 28 日

粉红甜心纪小蓝

感谢老师对我的指导，虽然我很愚钝，但老师依旧打开了我的一角，我相信在老师的教导下，以后我更加打开的人生也会因为打开的更多而更容易感到幸福。

说到理想和想做点儿什么事，我初高中时期颇有"一腔热血"，那时候就想做一个英语老师，让我的学生轻松快乐地学会英语，把我当作踏板，得到更高的分数，去到他们心里的远方……但是后来的专业让我与英语老师这一我心中的光辉职业再无交集了，我的那种热忱、激情甚至是梦想好像也随之消散了。但是因为您，我找到了新的热爱，我希望可以做一个如您一样的老师，让我这样的差等生找到自我认知，去影响更多的孩子。我也希望自己日后可以做一把"刮雪铲"，铲掉那层蒙在车窗上的硬硬的积雪，让车里的人能看到前面的路，能找到行驶的方向。

老师是塑造者，更多时候也是唤醒者。感恩您对我的塑造和唤醒，感恩您把外国文学带到我的生命中。感恩老师！

老师一定要注意身体，身体是革命的本钱啊。

飞雪迎春

你绝不"愚钝"，更不是"差生"。

换句话说，如果今后能够遇见更多如你这般"愚钝"的"差生"，那一定是上天对我的爱护和眷顾。

与你逐渐深入交流下来，我其实也很庆幸彼此的遇见，更庆幸你自三月以来锲而不舍的坚持，才能让原本普通的相识慢慢变成逐渐的相知。在一个一切都快得来不及沉淀厚度的时代，能以这样一种方式互相感知和走近彼此，其实是一种近乎奢侈的幸福。

没有什么"塑造"，因为你原本就是一个心中有"远方"的人，所以才会听得懂并因此向往一个更大的"远方"。

希望我们能够在这样的交流中一起学习，共同成长。

粉红甜心纪小蓝

呜呜呜，老师我要哭了，我会把您的话常拿出来看，鞭策鼓励自己。真幸福啊，猛哭，谢谢老师！我真的太爱老师了！

十二、飞雪迎春与七千鱼

2022 年 12 月 17 日

飞雪迎春

早起打开微信，发现深夜里又有她悄悄来过的足迹。这似乎已成为她与我相处的独特方式。

想来当是刚刚忙完一天的教学和管理工作，又哄睡了孩子，于是，就趁那难得的一刻清静与闲暇来看我吧。

已经记不得究竟是哪一年与她相识的了，只记得十几年前的一天上午，下课铃声响过，她满脸紧张地走到我跟前，怯生生地问："老师，我，我，想考外国文学专业的研究生……"

我与她此后十几年的情谊，就是在这样结结巴巴、磕磕绊绊的交流中开场的。

"见或不见，依然思念。联不联系，都没忘记。"

这是最近总在朋友圈看到的一句话。

细一体会，总觉得缺了点什么，着实不如古人的那句"海内存知己，天涯若比邻"，来得那么沉甸甸，那么热乎乎，那么亮堂堂。

前年六月的一天与其通电话，得知她即将被调入北京某重点高中，原因是这所高中的校长看中她"会带班"。而此前，她执教于某普通高中，工作时间不过四年。

我很好奇地追问她"会带班"的奥秘，总觉得她这经历有点不可思议。

她却回答得朴实：

"哪里有什么奥秘，你知道我向来笨笨的。无非就是当班主任的三年间，我没有一天在晚上十点以前回过家，也没有一天在十二点之前休息过。我得尽量对每个孩子心中有数。"

"不累吗"？

"也累，也不累，毕竟是做自己热爱的事。而且，你知道的，我以前是那样自卑透顶，就像一团永远扶不上墙的烂泥巴。这样的我，都可以走到今天。所以，我就希望更相信，我教过的每一个孩子，他们的人生，都可以是闪闪发光的。"

从她的身上，我似乎多少领悟了一点"会带班"的"奥秘"。

想起了前些天看过的电影《银河补习班》中的"父亲"说过的那段话：

"你知道吗，每个孩子的身上都长着一个神奇的感受器。他们就是能感受到大人们对他们的感情是不是爱。"

飞雪迎春

这是几年前发过的一条朋友圈，那里的"她"，就是我刚刚说起的那个学生。

飞雪迎春

也送给你。

七千鱼

看哭了。

七千鱼

我特别感性。

七千鱼

总是掉眼泪。

飞雪迎春

我也是。

七千鱼

学文学的人总是这样的。

七千鱼

有时候别人夸了自己一句，也会哭。

飞雪迎春

因为心灵的触角比较丰富，也比较柔软。

七千鱼

那时候我代课第二年，学校让我继续留初一，当班主任，于是我之前带的学生去初二了，教师节放学，他们就在门口等我，给我送［花］，说自己班主任有的王老师［也］要有，我就哇哇哭。

七千鱼

读小说也是，很容易哭，看到那种努力考研的视频也是，哭，看到飞身救人的消防员也这样。

飞雪迎春

你知道自己为什么能够打动学生吗？

七千鱼

很容易被感动，太细腻了。

七千鱼

可能是因为下雨天我看一个学生家长没来接，我就把自己伞给她了。

七千鱼

老师，你知道你为什么打动我们吗？

七千鱼

别人我不知道。但是我感觉你是最不模式化的老师。

七千鱼

你有自己的理解，有自己的看法，你思想深邃，看问题能够从历史谈到现在，从文化讲到哲理。而且你好喜欢鼓励人，我们回答什么，你都说，对，这个也是。从来不限制我们发散思维。

七千鱼

最重要的是感觉你身上自带一种民族文化自信，每堂课上完都觉得精神上自己崇高了一点。

十三、飞雪迎春与闲人载月

2023 年 9 月 10 日

闲人载月

"天涯海角有尽处，唯有师恩无穷期。"

何曾有幸能够在壬寅年遇见赵芳老师，老师的文学课会给我思想上的启迪，以至落下一次课便觉百无聊赖，是您让我感受到文学能够让人思考，老师课上说到的刻骨铭心的话，已成为我学习的座右铭。感谢成长与求学之路有您的帮助和陪伴！适逢癸卯年七月廿六，在此祝老师工作顺利，身体健康！

飞雪迎春

谢谢××！

我也一样深深感激着与你们、与你的相遇。你们的美好，也一样温暖着我，点亮着我。很珍惜曾经的与未来的一起学习亦是一起成长的日子。

十四、学生卡片

2021 年 12 月 14 日

不知道怎么开头，就直接开写啦！很感谢在大学能遇到老师，成为以后为数不多、回忆起来感到幸福的大学时光。

那天晚上老师说要送我书，我当时真的超级震惊！超级超级感动！从小到大好像除了小时候妈妈会送我书，再没有人送过。后面下课老师又和我说了好多话，回去路上想了好久，眼泪真的流出来了，作为国家的一分子，无论以后从事什么行业，真的要扛起责任，把祖国变得更好！

上周日下课，我在角落"偷听"老师和她们交流，因为看过太多下课走得比学生还快的老师，所以真的被课后老师那50分钟震撼到了，也突然明白了老师上课说的教师不单单是一份职业，更是一份热爱和责任，也让我实实在在感受到了什么是传道授业解惑，人文学科不是冷冰冰的，是有温度的。

这两学期的课老师改变了我很多，无论是看事情的角度还是读书的习惯，现在的我和一年前的我比真的进步了。

真的很想成为老师这样的人，虽然对我来说很难，但今后我会不断努力，一定会实现的！

真的好喜欢老师啊！！！

2022年10月19日

之前线下上课老师每节课都写板书，课间看老师习惯用湿巾擦手，想着湿巾用得快，给老师放两包在学校用。

上周就计划好这周送给老师，想了想决定以这种方式"实施"。天气多变，老师注意身体，和失眠说拜拜！

2023年6月26日

想和老师说的话就都写在这张纸上啦！可能感谢的话之前说了很多遍，但是在这里真的还想再说一遍，如果没遇到老师，大学这四年回忆起来，可能就没有什么了，从老师这里学到的东西远超过书本上的知识，是会受益一生的。

很珍惜和老师的关系，每次想到都感觉自己是个超级幸运的人，虽然每次找老师之前都很紧张，但真的见面了就很轻松，老师会和我分享遇到的琐事，不是那种"高高在上"，就是亦师亦友的感觉！

记得老师之前说过喜欢猫，毕业礼物想来想去就选择了这个日历摆件，希望老师可以喜欢！还有下次见面我请老师吃饭！

第二章
关于教学的对话

一、最好状态

赵：能力可以有大小，时运济或不济，都不改变你自己的初衷。我有大的能力，就去作大的贡献；我有小的能力，就作小的贡献。我的能力可能小，但有课堂，能够去影响我的学生，还能让这些学生在结课时，在他以后走上他自己的工作岗位时，在他去做老师时，可能还记得有一个赵老师。

赵：有些学生对社会负面的体认和感知比较多。所以一开始你给他上课的时候，他可能也不是一个正确的认知，但是慢慢地接触下来，每一年上课的时候，学生对你的那种感情，以及你对他们的一些影响，是你可见的。当然这种影响，你也可以说，那是毛毛雨，可能他离开这儿了，离开这个课堂，离开这个学校，他也可以不记得。但我不会去想这种影响和感情究竟能够持续多久，我觉得至少存在过。我让他们在心里面去唤起一些对于美好的东西的一种相信，让他们觉得世界上还是有那个东西在。我之所以相信这个东西在我的生命中出现过，是因为无论在历史上，还是在现实中，我都见过那样的人，我觉得人家活成的那个样子，就是我向往的样子。

冯：其实这样一种教学态度，作为一种日常来体现，对人的要求是非常之高的。

赵：没有什么要求啦，就是说如果真的是内在的东西的时候，其实……

冯：就是自然地展开。

赵：对，它是自然地展开的，不是说我要求我自己要这个样子的。很多东西，其实它会成为你内在的学习的过程，是你自我充实、自我提高的过程。也不是说有一个外在的东西，说我要去干什么。我就该这样活着。我不这样活着，我不踏实，它不是什么要求。对于教学的态度和责任，没有谁要求我，就是我自己的一种内在的状态，延伸到日常生活和教学中。就这样，没有什么要求，也没有谁要求。

赵：我觉得这么"活着"挺好的。不只是挺好的，是最好的一个状态。如果说，还能让我去做更多的事情，能够让我去发挥我认为的更大的价值，当然我会很开心，但是当下这样，就做我能做的，我问心无愧，我是尽到我最大的努力了。虽然我可能如此的卑微和不起眼，但是，我会把给我的课堂，能够把它去做到我最好的、最努力的一个状态。我就是面对着那七八十名学生。每年就是这样。

冯：那也不容易了，他们都是你精神的种子。一年八十人，十年就是八百人。

赵：其实，对于学生，你会对他产生影响。

冯：然后呢？

赵：那就可以了，我还能要求、还能奢望什么？

冯：那不是奢望，就是你把自己做到了极致，觉得这可能就足够了。

赵：对，就比如说儒家的"仁"，什么是"仁"？孔子对不同的人，他回答的那个"仁"都不一样。那就说明，"仁"其实就是在自己的位置上，在自己的处境中，在自己的能力范围内，能把自己的生命的光芒发挥到最大，尽了最大的努力。

赵：能力可以有大小，但是最后能够做到自己问心无愧，我认为就行了。外力我改变不了，我只［想］把我自己生命能够发挥到一个最大的作用，发挥到极致。

冯：你已经非常厉害啦，你用你的这种精神和思想，也照亮了我。

二、重新备课

赵：其实我认为有时候真的是教学相长，因为我每次课都要重新备课，我没有用以前的教案讲义，每次都是。

冯：这样吗？每次都重新备课？

赵：我每一次全都是重新备课，并且手写讲义，而且每年的讲义讲完就扔了，我根本没有保留这些东西的习惯。所以也是不给自己留退路，我必须得重新备课。

冯：不给自己留偷懒的机会。

赵：对。

冯：你二十多年都是这样坚持的？

赵：对。刚工作的时候，由于知识储备有限，其实讲不出来什么东西，而且更多的是在原有的、既有的知识框架下讲一些东西，但是会力求把它讲得生动。后来有时候，我还在想，那个时候怎么能让学生喜欢你的课，那时候啥都不懂。但是学生还是会喜欢你的课，其实不是因为你的深度，不是［因为］丰富性，很大程度上是因为你的认真、你的热情。在课堂上，其实你会去打动学生。所以那时候，学生考比较文学（专业名称）的研究生会非常多。有一年，我班上的学生一下子考了七八个比较文学的研究生,南开的、川大的、北语的、福建师大,同一年考上那么多的学生,我才是一个刚工作的老师,你说能有啥?那个时候其实就是备课。现在,是因为平时自己读书,会有思考,所以肯定要把每一个阶段读的书、你的思考、你在集中关注的问题,想方设法地把它带入课程当中去。对作品的解读,讲的文学史(课程名称)尽可能地具有当下性。你必须得让它是活的,能跟当下的事情关联起来,或者能跟现在读的书、在思考的问题关联起来。

冯:也就是说,你现在已经超越刚开始工作的阶段了,已经进入以知识的丰富性和启发性来引起(启迪)学生〔的阶段了〕。

赵:毕竟都工作二十年了,自己的知识架构肯定是比那个时候要完善一些,并且读的书也多一些,对很多问题的思考,肯定就会更有自己的一些〔见解〕。就像同一部作品,在不同的人生阶段去解读它,一定是不一样的,怎么可能拿着五年前对一部作品的解读去进入今天的课堂,〔这是〕不可能啊。

冯:你每年都坚持读很多书吗?

赵:我其实读书不多。说一个不恰当的比喻,我就像曾参一样,很愚钝的那种。曾参不像子夏特别的广博,读的书、懂得的都多。我这个人的天分在这儿了,不像人家读书特别多、速度快,还能很快地去把握住一本书的核心的要义,高屋建瓴的,我没有那个本事。我更多的是往深里面走,我要读一本〔书〕的话我就慢慢地啃,我甚至都不要求一本书都要读完,哪怕这其中有些东西对我有触动了、有影响了,就这一点,我就往深里面去"吃"(继续学习)它。我认为,这个对我很受用。

冯:所以你每年都会〔传递〕给学生新的东西、新的思考。

赵:对。如果有一节课,跟以前是相差不太多的话,我就会忍受不了，就会鄙视我自己。

冯：你真是一个对自己有要求的人，能够自己鄙视自己的，并且以教学来鄙视自己的，要求和去年讲的不一样的。

三、板书设计

冯：现在讲的每一节课的板书，你都要自己设计吗？

赵：我的［板书］设计不是说像中学老师那个意义上的设计。我的设计是讲的这几部分的内容之间是怎么样［关联的］。对每一个问题的设置，我甚至都想每一个问题怎么提，才能让学生更容易接受，或者怎么样［提］更恰当，以及这些问题的排序应该是怎么样的，哪个在先，哪个在后。在这些问题上，我就要反反复复地去琢磨，我就觉得我尽量做到尽善尽美，我可能在上课前还会去改。

冯：也就是说，你在课堂上写的板书，你已经反反复复地想过，并设计过好多次了，到黑板上不是随意写出来的，不像现在一些大学老师在黑板上随意地写出来的板书。

赵：我板书特别多，在课堂上讲到一些东西的时候，我也会再写在黑板上，因为那是一部分。但是我更主要的板书其实是这一节课的几大问题的主体框架。

冯：这一部分是你特别精心的。

赵：［板书］设计，其实就像咱们看书的目录。你要把它［理清楚、写清楚］。

冯：你是纲举目张。

赵：你要想怎么去设计，学生是最容易理解的。因为如果上课翻PPT的话，是省事了。但是学生拍了那么多PPT之后，说实话他们回去哪里会去［理解］，因为很多PPT是一个很碎片化的东西。但是如果让学生跟着板书的话，我会每一节课上课的时候在黑板上写几个问题，会先告诉学生整体性的这几个问题之间的关系。［告诉学生］先不要急着记板书，要知道这节课要讲的几个问题以及这几个问题之间是什么关系，然后在这样的一个基础上去展开、去感受那些内容。

冯：板书，是你和学生互动的一个最主要的方式。

四、老兴奋啦

赵：有的时候身体状况不好，尤其是心脏很难受的时候，几乎连走路的力气和说话的力气都没有，就会很担心能不能正常地把课上下来。但是很神奇的是，上课的时候，我就和学生说："你们都往前坐。"说这句话的声音特别小。因为我上课不爱带麦克，总觉得它影响效果。但是我真的开始讲了，就完全不是生病的状态了，然后说话的声音，自己的身体状态也都可以。但是其实是虚假的，啥事都没有的状态掩盖了身体本身的问题。然后你就还那么正常上课，但下了课之后的"内伤"是很大的。周一上午［第］三、四节课上完，我就觉得不对劲。但是想着来都来了，就把课都上完，晚上［第］七、八节课接着上。下课了，就感觉家都回不来了，腿就是折掉的那种感觉。

冯：你咋回的家？

赵：打车回的。

冯：根本就走不了了？

赵：不行，走不了。

冯：你这四节课是靠什么支撑下来的？你为什么一上课就这么精神，这么有战斗力？

赵：就是自己一上课就兴奋了，觉得没啥事儿。

冯：讲起课来就忘了？

赵：不知道人家（学生）听着咋样，自己挺兴奋的。

冯：你上课都这个状态吗？就是不管身体怎么样，只要一上课，就是兴奋的状态，这种忘我状态吗？

赵：对，我上课就是那样。从外面走过的、看见我上课的，都会跟我说："你这上课上得神采奕奕的，老兴奋啦。"但是，上次结课后，我也不知道为啥。

冯：课上完了，连走路都不行了？

赵：对，课刚上完的时候，也没事。因为下课的时候，学生肯定要问问题了。然后我也会答疑，甚至［时间］长的时候可能跟人家（学生）谈出四五十分钟的，都没事儿，但是等到曲终人散了，学生也走了之后，我就发现我不行了。

五、不看教材

赵：我上课的时候，一般什么都不带，但是有时候进行教学检查，所以带着。但是我不看教材，也不用什么其他材料。

冯：其实你已经反复地想过了，想明白了，所以你上课啥也不要带，都在脑子里边。

赵：对。我会带着挺多东西往讲台桌上一放，但是我不会去碰它们。这些东西都带来了，在那儿了，任何时候检查都可以。但是我不会去用。我的备课主要是思路，我要讲什么问题，怎么去切入，以及我从哪一方面去展开，我备课主要是这些方面。

冯：主要是材料都已经有了。如何将材料变成一种教学的形式，以教学的方式展现给学生。这可能是你备课的主要内容，而不是要收集哪些材料。因为这些材料你都通过读书的方式，已经积累了，或者是很长时间的一个积累。

赵：对。平常自己在读书过程中，特别留意这些（教学内容）。都会想着，上课我可以用得上，然后这个东西（教学内容）我能拿来［用］。这样，可以为学生开多少个法门，一个法门开了不行，我就再换一个。

赵：但是有些学生真的完全不想思考，也不会思考，那么想要去调动他思考的积极性，其实特别难。

六、融为一体

冯：但是在你的课堂上，每一节课都有问问题的。这说明他们已经发生变化了，［已经］在思考了。

赵：还行。但是今年的学生略差一些。有一个班的学生就不咋问问题，他们只能做到上课的时候认真听课，认真记笔记。但是更多的对你是一种知识层面的认可，或者不能叫认可，就是说他感兴趣，或者说可能很功利的，他（学生）觉得这些东西我得学，考试有用，可能他是在这个层面上去听课。但是像另外一个班的学生就比较活跃。其实老师在讲课的时候，能够想象得到下面学生应该会有什么样的表情，应该会有什么样的反应。我在这个班（学生活跃）所讲的东西，学生就会跟你有一个相对精神性的互动，然后课堂就会很开心，会有笑声。作为老师，自己就会很自得，会觉得上那个课就很舒服了，跟学生是融为一体的感觉，而不是一个单向的知识输出，那种互动就很好。但是这也跟我去年教的班差得远远的。我去年教的班特别好，那两个班下课时有四五个人在那等着问问题。这一拨问完了走了，然后下一拨在那等着，学生见着老师特别亲。一个暑假过去，重新走进教室的时候，就看着下面的孩子盯着、瞅着你，脸上的那种好亲好亲的神情看着你的感觉，那个感觉挺美好的。

冯：所以这些届有很多孩子听了你的课去考了研究生，做比较文学，统计下来有不少了。

赵：是的，但不如以前啦。因为我现在教二学位的学生，二学位的学生很少考研。但是像前些年的话，他们就会比较那啥（积极）。

七、教学相长

冯：你是每一节课基本上都有答疑吗？学生都会有问题吗？

赵：对，每节课都有。其实学生有问题，是一个很好的状态。他如果不听讲，就不会问问题。只有在感兴趣的时候，他才可能问问题。以往，我每节课下课，肯定是围了一圈儿学生。

冯：那一定是学生听课后，有新的疑惑了。不听课怎么会问呢？

赵：对。上课的时候，他（学生）的状态为什么会很兴奋？其实就是一个双向奔赴。那种互动的过程，学生的神情、眼神，甚至会看到他的身体，听得兴奋的时候，都会有表现。这些东西反过来会给老师一种激励，你可能就更沉浸式地讲课，然后压根儿感觉不到自己身体的问题。

冯：那就是《学记》中说的教学相长了，学生鼓励你，你也启发了学生。

····· 对话：大东北土地上一位平凡教师的教育家精神

八、保洁阿姨

赵：[保洁阿姨] 到下课就来说："上课讲，下课还讲？"

冯：保洁阿姨会跟你 [这样] 说……

赵：真的，我去年不就是在国商（沈阳师范大学的一个教学楼）一直上课吗？

冯：然后……

赵：[保洁] 阿姨每节课都给我擦黑板。保洁阿姨没有这个义务，因为我上课写板书，国商的黑板特别大，而且是上拉、下拉的。每次课前，保洁阿姨是用水给我擦的，会把黑板擦得特别干净。

冯：每次都给你擦，都是义务给你擦？

赵：对。我都不好意思，我说："不用。"她说："我尽量，我能赶得过来，我就来给你擦一擦。"每节课下课的时候，学生都问问题，所以保洁阿姨会很小心的，她怕打扰我们。去年秋天的时候，有一天，我学生问问题，下课后，我自己其实没有意识到已经说了20多分钟了，然后保洁阿姨就进来了，她就很责备（一种温暖的叮嘱），说"上课讲，下课还讲，你累不累?!"

冯：这保洁阿姨，肯定是听了你的课了。

赵：她倒不会听我课，是觉得我有点累。因为下课以后，其他教室的老师都走了，她就看着我不走。其实，我自己没有意识到在那说了多长时间，而且学生可能都不会意识到老师多好，下课了还讲东西，学生都未必意识到这些。但是，那阿姨就是可以感觉到，所以那时候，我感触特别深，包括汇文楼（沈阳师范大学的一个教学楼）的 [保洁] 阿姨也是。我下课后，给学生回答问题，阿姨如果路过我的教室，都会可心疼，过来说："累死了！"

赵：真的，那些阿姨特别好。所以我去年在国商上完最后一次课，结课了之后，我还给阿姨买了冬天用的厚的绒手套，还买了一点小小的东西，擦了一个学期的黑板，给买几包护手霜。那天我去找，阿姨不在，楼层负责人说："没事，这都是她们应该做的，不用这么客气。"后来，我还去找到那个阿姨了。今年在汇文楼上课，汇文楼的阿姨［也很好］。我平常有什么小的东西，也都会给她们，阿姨对我都可好了。阿姨都知道，这老师真不容易。

赵：她生存得艰辛，更容易跟你去共情。她知道她很累、辛苦，然后看着你还在忙，她都会心疼。

冯：她就往往［用］真情实感去感受这个社会。

赵：她容易跟你共情，是因为她也在踏踏实实地去劳动。她也辛苦，她也不容易，她就会去心疼你的不容易。

冯：对。像她们做一件事情，不是认知的投入，而是认知＋情感＋全部生命的投入。有的时候，你也像她们那样。所以，真切投入的时候，她也会真切地感受别人的投入。你这课上得真是不一般，连保洁阿姨都认为你很辛苦。

赵：我平常主要是觉得保洁阿姨特别不容易，很心疼她们。

冯：你也得心疼自己。因为你要知道你自己不是你自己的，你是学生的。

赵：我就管不住自己，下课了就那样（解疑答惑）。上课，也不会偷点儿懒。一上课，就在那一直讲，身体真是受不了，感觉烧进去了。

九、平行班课

赵：我甚至两个平行班的课都要不一样。

冯：两个平行班的课都要不一样？

赵：对。我去年上的是两个平行班。这两个班分别在周一、周二上课，我就会根据前一个班同学们上课的状况，进行调整。我觉得在这个班（前一个班）讲的这些东西，他们（学生们）接受起来、理解的程度，方方面面我都会总结，觉得不好的，下节课（后一个班）我就会去改进。我要找新的切入角度，我要跟第一节课（前一个班的课）不一样。所以其实上课的时候，并不是重复前面的东西。因为我写板书，我不用PPT的。我会很精心地去讲我的这一节课的板书。[我想]我要怎么设计它（板书）那个内容，才能让学生看这个板书，就知道这一节课整个的逻辑架构，互相之间的关系是什么。虽然学生未必达到那个程度，[因为]很难，但是我自己要试很多遍。我要去想这些东西各个部分之间是什么关系，这不是一个碎片化的拼盘，[不能是]这节课我要讲的东西，PPT发给学生就完事了。我必须得把我所有东西（教学内容）在脑子里过很多遍，然后我觉得，这样讲学生可能相对容易理解一些，就会有一些变化。但今年因为两个班是挨着的，是同一天上。同一天上[的情况下]，就不太可能做大的调整，但是多少[有一点]，要觉得在前一个班，他们（学生）对有些东西不是那么感兴趣的话，下一节课就会多少做一点调整。

冯：你现在这种身体状况下，你也在调整吗？这样的话你太不容易了。

赵：我认为它（这种调整）就是我自己的一个状态。毕竟每年我都在读书、在思考。我就要把这些东西带到教学当中去。最终，其实还是站在自己的角度，读了多少书，有了多少年的思考。这些东西我肯定是很清晰的，是他们（学生）能听懂的。

十、批阅试卷

赵：判卷的时候，还要记学生的学习问题。下学期，还要教（解决）一些突出存在的问题，或者说，比较好的一些东西，记一下。下学期开学，就会跟学生说一下。这样的话，对学生有一个把握。

冯：毕竟是教了一个学期，你对他们有一些课堂上比较直观的……

赵：把握。你看他听课状态，但是，期末试卷，在某种程度上，是一个检验。检验他们平时听个啥样，他的学习能力。可能这里面就挺有意思的，有一些［学生］你看着平时就坐第一排，在认认真真地听着，考试就是不会答题。可能［有些学生］你觉得他上课没有那么认真听，但实际上，考试的时候你发现，他还真听明白了，他答的东西，一看就知道，他是听课了，但是，并不是在课堂前面规规矩矩地坐着的。每年评卷的时候，我都很喜欢看看他们的试卷，每年都注意做一些记录，分辨一下。我每年老被［其他老师］笑话，评卷太慢了。第一拨考完了，我跟着去评，就这样坐着；走一拨了，第二拨考完了，又来评了，我还在那儿坐着；最后一拨，我还在那儿。因为，我会对学生的试卷情况，做一些记录和整理。所以，就比别人慢。我要去看一看，得对他（学生）有一个了解，也能对学生进行一个有针对性的指导。等到下学期了，这一个学期的考试，我跟学生有个交代。再一方面，我觉得评卷的过程本身，也不是一个单纯的外在的过程，也是检验这个学期教学还有哪些问题的过程。

冯：根据评卷时发现的那些问题，你看看要怎么调整下学期的教学？

赵：那不仅有一个评价了，还有一个改进，是对教学上的改进了。

冯：像你这样的老师，还是很少。很多阅卷后，交完就结束了。至于什么问题，可能都无关了，无所谓了。

赵：关键是，平时教学工作，在你这儿，到底只是一个工作，还是一个很喜欢、很热爱的事情，那就是这么回事。你要是喜欢，那你就会去琢磨，你要是说，那就是一个外在于你的饭碗，那可不就是完成就拉倒。

冯：你说的是，所以你乐此不疲。

赵：要不有些人觉得不理解，为啥评卷还要做记录？

冯：对，这个事很少。做完记录，你要分门别类整理？

赵：不用分门别类整理，其实看完了，记一记，大体上自己心里也就有数了，大概存在哪些问题，也不需要特别系统，就是我心里有个数。下学期开学第一节课，要跟他们说一下期末考试的问题，这样比较有连续性。

冯：那么秋天还教他们吗？

赵：即使不教，其实自己也应该有个数。

冯：说的是，不过像你这样的老师也是少，不容易做到这一点。

赵：也没啥不容易的，就看自己喜不喜欢，喜欢就没啥。

十一、一枝玫瑰

赵：我最自豪的就是，有好几年的课堂上都曾经出现过那种令很多老师头疼的"差生"，就是平时老是缺课、不交作业且总是挂科的学生，只是因为我多关注他（她）一点儿，多给他（她）一点儿鼓励，最终竟然就可以让他（她）顺利地完成我这一科的学业。

冯：是吗？

赵：我去年特别感动的是一个女孩，她已经被勒令退学。这个女孩人长得漂亮，打扮得时尚，人聪明，但就是不学习，真的很过分的一个小孩，我也不知道她为啥这样。去年刚开始上课的时候，他们班课代表就提醒我说他们班有个钱同学经常逃课，老师们都挺无奈。但是那个小孩她上我课，她第一次来上课走错了，走到了我另一个班去上课。她听课很认真，当时我不知道她是所谓的令人讨厌的孩子，我只注意到这小孩挺认真。结果我去另外一个班上课的时候，她就又来了。她跟我解释说，上次走错班了。我就说，你今天的课不用听了，因为你已经在那个班听过了。她说不用了，我继续再听一遍，我问："你都听过了，为什么还听？"。她说："我挺喜欢老师您的课的，我就再听一遍，就在这儿听着。"其实作为老师来说，这个时候她这个举动就会留心。我问她叫什么名，一听她说叫钱同学，我［心里面］自言自语："我的天，这不是课代表跟我说最讨厌的孩子吗？"然后我心里就有一个数，但是我发现她上课的回答特别在点儿上。她上我的课很好、很认真。在我的课堂上，会经常跟学生提出问题，下面的同学会回答，会有个互动，我发现她说的就真的是特别［好］，然后我捕捉到这点之后，我就会随时给她一个鼓励。那天在课堂上，正好讲希腊悲剧的时候，她在下面就嘟囔了一句，然后我就说："钱同学，你站起来说。"她是真的回答得很好，我就给了她一个表扬。小孩其实都挺喜欢老师［表扬］，本来她就上课很认真，然后你再肯定她之后，她就会更加的［好］。所以一个学期下来，当时我表扬她，同学们都传开了，说"你们知道吗？赵老师竟然表扬钱同学了！"她因为学习态度不是很端正，所以不是很受老师喜欢，同学们也不太喜欢她。但她在我这儿就呈现出了另一面，她很老老实实地听课，作业也都做得很好。期末考试时，她因为生病，没能参加其他科目的考试，但刚好参加了我这一门课的考试，而且顺利通过了考试。一个学年下来，最感动的是最后那节课。最后那节课上课的时候，她迟到了。我还想着，怎么最后一节课还迟到了，中间上课的时候，外面有人来了，她就跑出去了。我在课堂结课的时候，给他们说一点临别的寄语。在我说完了之后，这个小女孩突然间就从座位上起来，拿了一枝玫瑰花，走上讲台。她说："老师，你吹一下。"我一吹，花"唰"地一下就开了，因为是一朵假花。这个时候，她就走出教室，给我捧进来一束真花，当时真的是让我特别感动，我接受过那么多学生的花，但唯有这一次，就让我觉得特别，因为是她送的。

冯：认认真真学了你这门课，一学期坚持下来，认真听你的课还发言，最后结课的时候还送你花。

赵：不是一个学期，是上下两个学期。一直到去年冬天结课的时候，给我送了这个花。其实你会发现，再让人不喜欢的学生，她身上都有闪光的东西。其他同学会不太理解，赵老师为什么会对这样的一个人表扬她、肯定她，但是实际上，有时候我会去体会做家长的心情。兄弟姐妹之间可能会觉得说他们中间的某一个人太烦人了，但是父母看孩子都会看到可爱、招人疼的那一面。其实我看那些学生的时候，我是努力地要记住所有学生的名字，我要记得他最开始是什么样子，在上了课之后他的变化是什么，到最后结课的时候，他又是一个什么样的。上完一门课，我会对每一个学生有一个相对整体性的把握。

冯：我之前从来没听你说过，这个确实是太不容易、太难了！

赵：没什么不容易的，反正自然而然的每年都那样了，我觉得我面对的就是一个个的心灵，我需要很珍惜他们。

冯：那你所有的备课、上课这么辛苦，你都认为是自然的。不认为是……

赵：对，我不认为是辛苦。

冯：不觉得辛苦？

赵：对，我不觉得。我不太喜欢说教师是蜡烛，点燃自己，照亮别人。我没有，我认为我一直都被学生照亮。

冯：一直都被学生照亮？……

赵：因为我认为，学生身上哪怕是很微弱的那点光，也是能够照亮我的，能让我感受人性的丰富以及很美好的东西。其实当这么多年老师，圆滑的学生也见得多了，一些学生只是来问问题，问完了，一旦不教他了，他就无影无踪了。但是我不会因为每年都有这样的学生，就认为我干嘛要理你，干嘛要花那么多的时间精力［培养你］，尤其我身体不好，说话挺耗气的。面对学生的时候，我拒绝不了，我没想着说他是不是很真诚、很功利，是不是问完了以后就怎么样。我只是觉得我有义务有责任，我就需要去［解答］，学生如果听了这个课还能产生一些兴趣，我就该认认真真地、责无旁贷地解答他们的问题。所以世故的学生也见了很多，但是真正美好的学生也让我见了。

冯：你们彼此成全了。

赵：对。

冯：和学生之间是彼此成全了。

赵：不是点亮、牺牲，也不是苦哈哈的。如果说是牺牲、燃烧自己，那这个东西（教学）就会变成一个很少的人才能做到的一件很苦的事情。但是我觉得不是，它就是一个普遍的，大家都可以感受到一种幸福的［职业］。并不是付出，不是在燃烧什么、牺牲奉献，都不是。而是我认为实实在在的能够收获很多，看起来在给学生东西（知识），但实际上也从学生那里收获了好多无形的［财富］。

冯：刚才说那学生叫什么名字？

赵：钱同学。

冯：对。她对于你来说，在你快二十年的教学当中是一个很独特的经历。

赵：对。是一个很独特的经历。其实在她之前的两年，也遇到过这样的学生，跟她几乎是复制版的……也同样是女生，只不过没有最后结课时的那束花而已。

冯：她也是那种不爱学习的、贪玩的学生？

赵：对。

冯：她的同学也都会感到奇怪？

赵：他们也会很奇怪。上课的时候坐得笔直的，然后认认真真地听课，这种小孩，你关心她，她也知道。就像我说钱同学，她特别喜欢韩国的流行音乐，耽误课也要跑到韩国去看演唱会。我平时该表扬的时候还是表扬的，但是真的旷课的时候，我是真不给她那啥［好评价］，我就告诉她：你如果不回来交作业的话，这课的作业分就没有了。当时就很严肃的，最后她也是按时回来把那个东西（作业）给交上。我也会很严厉地批评她，记得当时我对她说："其实你平时无论是听课还是作业,还是课堂的互动交流,都非常好,我一直都很珍惜,我希望你能这样珍惜你自己,你别辜负了自己的天分,对自己负责任。"后来,这孩子有一次冬天生病的时候,她就给我发信息。她说:"老师,我知道你一直都对我很着急,你对我花了很多心思。"其实,她那么不用心求学的人,你真的对她用心了的话,她都记在心里。

冯:她生病的时候,给你发微信,你还教她吗?

赵:我教她。是去年冬天的时候,那个时候我也生病,特别严重的那一次,她生病了还去上课。

冯:她生病了也来上课?

赵:对,上课。

赵:可漂亮的一个小女生。特别漂亮、打扮得可好看的一个女孩,坐在第一排认认真真地听课。我看到她,就说:"你穿那么少,能不生病吗?"然后回家了之后我给她发个信息,就会问问她咋样了。她其实都知道,也会记得你的好。

赵:我就正常地去问问她怎么样了,因为上课的时候看[她]那样子特别难受,然后其实她知道,老师记得她。

冯:所以这个孩子真的是在你的课上,做到她的最优秀了。

赵:其实,她平时是大大咧咧的一个人。但是不知道为什么,她最后的时候让他们同学也都真的特别惊讶,真没想到怎么会是她在最后一节课的时候整出来这么一出(送花),当时真是给我感动得掉眼泪。我觉得,这个事情如果是别人来做,我不会有这种感觉,但恰恰是这个别人眼里最不着调的孩子,她这个举动就格外地让人觉得温暖。

冯:你有没有想过,为什么她在你的课上会有这么大的变化呢?

赵：我认为从根本上讲，就是你打心眼儿里对人的珍惜和尊重。她其实能够感受到我在意她。

冯：其实她感受到：你在意她，你在意课堂上的每一个学生，在意你的教学。其实，是出于你对课堂和学生本身的尊重这一点上。

赵：对。她第一节课走错教室，也并不知道我是谁的时候，在我的课堂上她听得就很认真。那个时候，其实我们之间没有互动，她单纯被课堂气氛［吸引］，也就是说她觉得这个课挺有意思的，所以她认认真真地去听了。听课之后，其实我对她印象很深刻，因为她长得漂亮，她就跟别人不一样，所以说她那节课是突然间出现在课堂上的，尤其是前两周她出去旅游根本没回来，课堂上突然多了那么一个人，并且她整节课还表现挺抢眼，在那认认真真听，我肯定就有印象。直到她第二次上另外一个班就告诉我她走错教室了，这个时候我才开始有一个这孩子也没有那么糟糕的印象，那不是挺好的嘛！这不是听课嘛！但其实不是她一个人，我甚至记得我们班上很多学生最开始他们回答了什么问题，他们怎么说的，我都会记得，我也不是刻意地记，可能是我挺在意他们的。后来就有学生跟我说："赵芳老师太厉害了，我们说了什么你都知道。"我跟他们说，这就像是父母记录着孩子的成长相册，孩子从什么时候开始翻身了，什么时候开始爬了，什么时候开始走路了，蹒跚学步了。在我的课堂上，那些学生在我这里，几乎每个人都有一个他自己成长的"相册"。在我心里，我会记得他最开始是一个什么表现，然后慢慢的变成什么样子。经常有男生最开始的时候挺高傲的，往那一坐就是一种审视的态度，就好像是我听听你到底能讲点啥的感觉，男生特别容易有这个问题。然后慢慢地开始变了，他就开始在你面前变得谦虚了。这个过程就挺有意思。

冯：其实还是学识，是你在课堂上让他见识到一个他不知道的、更广阔的文学世界，或者是关于人性的世界。

十二、弄错教室

赵：其实，最近我觉得上课的时候太热啦。像这周［有］三十五六度。其实我挺担心的，上课的时候，学生得热成啥样，肯定不爱上课，但是我就觉得特别欣慰（学生上课状态还是非常好）。

冯：是吗？

赵：那个时候，你看着学生状态的时候，就觉得有很多美好的东西，可以打动你。有一天，我把上课的教室都搞错了。学生上午去上课的时候，我是下午补课，我通知的是第 7、8、9、10 节。我们班男生，不是我课代表，也不是［班干部］啥的，中午给我发条信息说："老师，我怎么发现通知里面提到的教室，现在还有人上课？"我说："没事，咱是下午 3 点开始上课。"然后他说，他上午的时候找了其他同学，在教室门口都给贴了一张打印的纸，上面就已经贴了说下午［上课用教室的信息］，其实我也没有让学生去做这件事情。我都不知道，孩子就知道主动地把这个他喜欢上的课调整好，他关心你，不值得感动？我每天都有很多的感动，但是我每天也有很多的愤怒。但是愤怒对我来说不形成持续性的影响，美好的都是在我身边实实在在的，我能够捕捉到，我能够感觉到的，我觉得好的。

冯：够了，足够了。

赵：对，我不觉得人生不值得。我认为，人生特别值得。

冯：感动，我为你的话，感到特别感动。

赵：那么多的美好，你总感受不到，那就是你自己的问题啦！

冯：是。

赵：对不对？你说你身边的美好，你感觉不到我们的国家那些人在保护着你？我看嫦娥6号升空的新闻。这些，我都十分感动！

十三、我有自信

冯：下学期又要上课啦，担心学生的状态吗？

赵：没有必要。做好自己，走好自己的路，讲好自己的课，可能就够了。如果他们状态不理想，那么对老师的挑战会更大一些，可以更加激发主动性，充分发挥主体性。不是说让学生在前面老老实实地、专注地、虔诚地听你课。我觉得，这也没有挑战。其实，评论一下也可以。

冯：而且，要允许学生的多样化。因为，他们本身带着不同的求学目的，或潜意识的，都有自己的求学目的。所以，不同的目的，决定了他们在课堂上不同的生命状态。

赵：学生上课时其实有很多种情形，有的学生是无论什么课，他都认认真真听课，极少数个别学生，是无论什么课，他可能都不听课，还有一类学生，是喜欢哪个老师，就认真听这个老师的课，是有选择的。我觉得对我而言，就是要努力让那些原本学习动力不足的学生，和那些选择性听课的学生，能在我的课堂上逐渐激发起学习的兴趣。

冯：如果学生无欲、无求、无感呢？

赵：其实，当老师都会有这种感觉。有些讲到的东西，你就知道，学生在课堂上会有什么反应的。但是，最开始教的时候，发现他们会出现茫然无感的情况。后来，过一段时间，慢慢地会有改变。最开始的时候,可能真的让人挺无语的,我都会觉得面对的,好像不是一个有血有肉的人。

冯:这可能主要源于两方面:一方面,是在基础教育阶段的训练,使得他与人接触的时间少,与人之外的知识世界的接触时间长,而且机械化的训练,使他们失去了那种鲜活的内在的生命的质感;另一方面,这一代人是伴随着游戏长大的,在虚拟世界里,缺少人与人之间的互动和沟通,以及眼神、精神、心灵的互动。

赵:对。

冯:缺少这方面的体验、感悟和思考,所以在虚拟世界里,他们可能会释放自我。但是,在真实的世界里,在与人的对话当中,互动的能力,或者互动的意识都在越来越少。

赵:对。

冯:更主要是[互动的]意识。

赵:对,还有一个是,你要去打动、吸引谁的话,它必须还有一个前提:你们在价值观上是能够相通的。如果说让我激动的[事情],不是你激动的;让我愤怒的,是你觉得稀松平常的。那么理所当然的,我就无法打动他们。其实,现在孩子的价值观,好多[都]挺有趣的。其实,私下跟学生聊天会比较多,原来我班上的班长和学生就会挺奇怪,觉得老师你还表扬他(一个学生),他可奇葩了,各种各样的毛病,在他们看来,他是一无是处的,老师还会表扬他,还会记得他的点点滴滴。但是,在我眼中,孩子都挺好的,至少在反馈的时候,我能够感受得到。明年不知道什么[样子],我原来一开始会有一点畏难的情绪。

冯:不要为没发生的事担心。

赵:是的。曾经有过那种情形,就是听人说某个专业的学生上课学习状态不是很好。一开始，我也是那么以为。但是，从我上第一节课开始，就觉得学生超级好，怎么能说他们听课不好呢？然后我一直都是主动教这个专业，持续教了五六年，我觉得学生一直都超级棒。

十四、一个饭碗

赵：我觉得，有的学生即便他没有那么正直，没有那么善良，但他还是渴望你在课堂上能够给他们一种精神上的引领，可能人还都挺渴望的，尤其是你日常在课堂上还能呈现出来你所向往的、推崇的一种东西（价值观），这也是他喜欢你课堂的一部分原因。我为什么不喜欢网课？其实原因就在这，没有面对面的［交流］。我认为教学不是一个单纯的知识讲授，如果要说单纯的知识讲授，现在网络这么发达，你去听清华的、听北大的，听哪儿的老师的课你听不着？但是实际上最缺的是面对面的心灵层面的活动，学生其实是在感受老师的一言一行，老师在这个课堂上所有的动作、眼神、感情、感受，所有的一切其实都是教学的有效组成部分。

冯：要不然你上课这么累，所有的动作、眼神都成为你教学的一部分，要不然你这么忘我。

赵：对。就是说你投入其间的时候，肯定把你整个的精力都投入进去，然后就是……

冯：以生命的方式展开你的课堂。

赵：（笑）呵呵。

冯：是不？

赵：他们有时候说，我在课堂上是闪光的。

冯：对，你是以生命的方式照亮了课堂，而不是以知识的方式在课堂上讲授。

赵：但是这不就是做自己喜欢的事情嘛。

冯：是。

赵：它就不是你的一个饭碗！如果说现在这份工作，对我来说只是个饭碗、谋生的手段。我早不干了，我干点啥，还不挣钱，甚至我可以拿更少的钱，但是可以不那么累了。

冯：是。

赵：我只是认为这个工作（教师职业）让我确实觉得在课堂上是以生命……确实我很喜欢你用的这个词，就是课堂其实是你展开生命非常有效的地方。

冯：一方面是你以自己的生命在课堂中展开，另一方面也是以生命的方式形成一种互动，就是师生间的这种生命形式的、生命方式的一种互动。它只不过是桥梁，是一种知识的桥梁。但是这个知识的桥梁构成了这种师生生命间的互动。

十五、自自然然

冯：你还得为祖国健康工作50年。

赵：好吧，可太难了。

冯：我觉得能如此坦然面对这么多事情，如此真切地投入你的工作中，真是不简单。

赵：我没觉得这有啥不简单的，因为……

冯：你活在其中，所以你不觉得。

赵：自自然然的，就是我该做的，有啥不简单的。

冯：其实你自己不觉得，因为你就是如此真切地去活着的，你就像是一片草丛里面的灵芝一样，真的都不容易。

赵：哪有那么［高尚］？

冯：所以你得照顾好自己，得珍惜自己。因为你如果想在课堂上，或者在日常中去影响别人，尤其影响你的学生，做到一个基本的健康的状态是很重要的，要不然你根本就影响不了他们。一天老生病，影响谁？就像小王子一样，浇灌了一朵玫瑰花，就对它有责任了。

赵：是的，要是没有责任的话，其实活不活着就没啥［意义］了。

冯：所以你既然浇灌了一朵玫瑰花，就得负起这个责任。对自己好，才能对别人好！

十六、薪火相传

赵：我们也是活在无数的往圣先贤的那些精神里。其实，历史的那些精神在照亮我们，我觉得这个就叫薪火相传，我们传承的那些东西，我们也有责任去在我们自己的课堂上再去把这个东西给它［传承下去］，不是刻意的，就那么自自然然的，美好的东西是一定有人喜欢的。真的，不管时代变成多糟糕的样子，总有一些人心里都保留着对光明的东西、对美好的东西、对善良的东西的一种向往。哪怕他做不到，但是他一定会向往。

冯：所以恰恰是往圣先贤以文字的方式照亮了当下，使得他们的生命得以延续到现在，使得他们对宇宙、世界、人生、生命的一种洞观，以文字的方式流传到现在。进而你在课堂上，也以你生命的方式来诠释往圣先贤对生命的体验感悟，和对那些真正的美好东西的一种向往。在这个意义上，可能实现了生命间的代际传承，或者说跨越时空的传承。

赵：对。你不会觉得自己很孤独。因为你可以跟那么多的人在对话，他们（往圣先贤）离你一点都不远，好像就是朋友。你在困难的时候，他们会给你方向，给你指引，给你力量。我认为这些东西，其实可以点亮我们。只不过，有些学生没有那么幸运，在他成长的过程中，没有真正去触摸和感知到这些东西，但现在可以经由我们在课堂上［使］他间接地感受到这些。如果他有兴趣，就自己直接开始研读、开始走进、开始触摸；如果没有的话，可能就像毛毛雨一样在课堂上，但是至少他觉得见过光。

冯：所以不是每一个学生都会感受到，或者说他们不一定在这个时刻感受到，或者是被你点亮，但可能他们会在未来某一时刻被点亮，也有的学生是此刻就被你点亮。而恰恰是这个过程，对你来说、对你的课堂来说，是你期待的和最最真实的。

赵：对。

冯：所以你是相信了你所相信的，然后在课堂上展示出来，所以你会在课堂上忘我，是不是？

赵：真的！你看孔子说颜回："得一善，则拳拳服膺，而弗失之矣"。其实就像你刚才说的，我认为对于那些真正美好的东西，你如果相信了的话，你是有福气的。

冯：是。

第三章
关于成长的对话

一、我的父亲

赵：我爸是属于那种工作［特别勇于奉献的人］，要不咋叫"白求恩"呢？［我］小时候就知道白求恩，七八岁的时候就知道白求恩，因为我爸外号就是"白求恩"，他干工作不要命。

赵：他从一个最普通的贫下中农的儿子，中学毕业，自己自学，一步一步地往上走，只因为勤劳肯干，然后就有人在推荐，就一点点儿上去了。而且我爸每一次的转折［都是这样的］，他就是一个普通社员，一开始因为中学毕业了，能读书识字，就做个小队（生产队）会计，接下来因为他在小队里面干活，就普普通通地、认认真真地干活，热爱集体，人家说县委党校要选一批学员去学习，小队就推荐他了，然后他学习期间就跟别人不一样，他表现出来的那种勤奋、认真、好学，一下子就脱颖而出。结业之后有机会，说乡镇中学缺一个政治老师，直接就调到中学去了，这种劲头继续保持。他特别爱学习读书，总共字不认得几个，到现在看我家［20世纪］70年代的《毛泽东选集》，那上面全是勾勾画画的，每个字都标着音，不认识的字去查字典，再标上是什么意思，我爸那时候有大量的学习笔记。

赵：所以这种劲头，就一步一步地［努力］。上班时候，他在山里，人家在乡镇，他每天早上要翻越一个大岭，路上一个半小时的骑行时间，冬天的早晨人家六点钟还没起床，他都已经到学校了。你想他几点起来的，就这种工作干劲，自然而然地就上去了。而且他特别奇怪，在中学干得好好的，突然有一天有人来了，就告诉他到朝阳乡医院去当党委书记。当时他在地里跟我妈一起干活，我爸还不干［党委书记］，说是外行，不懂医院里的东西，人家说你是去当书记，也不是当院长，把握思想政治的方向，就去了。那个时候有家属房（医院的），他先调走了，我们就从大山里搬到了乡里面去，在那儿干了两年，风生水起的。再下来就是我爸写的一手好材料非常有名，县委组织部当时需要，考核之后，我爸就从医院的党委书记一下子直接调到了县委组织部干部科，一年之后我们全家搬进城。

冯：你爸真是厉害，不仅仅是勤奋，也是聪明。

赵：他勤奋正直，应该说那些优秀的品质［他都有］。

冯：对。

赵：我们家人是那种朴素的正直善良，再加上他超级勤奋肯干，也有一点才华，能说能写，你想从中学里当老师出来的，有的人不适合当老师，但我爸特别适合当老师。在当时他说毛主席去世的时候，全乡有两个人代表发言，我爸是那两个人当中的一个，可见当时［他多厉害］，他一个小年轻才 20 多岁。后来到工商局当副书记，1998 年开始转局长，后来又到鞍山市。

赵：我爸常年不在家，他没有真正地坐下来在那讲道理。其实子女都是从他日常的生活细节里面，从生命状态里面，慢慢地去汲取教育的养料。

二、我的母亲

赵：前些年我家在鞍山，还经常回去的时候，从鞍山到我老家的路上有一个小陵园，结果有一天我爸我妈开车走到那儿的时候，发现里面怎么废弃了，然后我妈特别愤怒，下车就去找人（管理者）去了，就去问说："原来这不是有个烈士陵园吗？哪去了？怎么这么忘本，怎么能把烈士陵园都给废弃了？"然后人家说："不是，是因为国庆70周年，就是县城把各个乡下分散的烈士陵园、遗骸一起归到县城了。"

冯：都迁了。

赵：对，给迁了。我妈当时老那啥（激动）了，义愤填膺地找人家去了。

赵：她日常生活、琐碎细节，非常地不起眼。但是她在这个大事上可不糊涂，有时候真的是无法想象。她在这些大的事情上一点儿不含糊。

赵：她小学都没毕业，以为她没有见识、眼界狭窄，什么都不懂，但是她在这些问题上，就会特别地识大体，我妈大字也认不得几个，但是她属于行动派。

冯：她认定了、坚定了就干。

赵：对，我以前问她："要是在战争年代，比如抗日战争时候，你会不会让我出去参加抗日？"我妈说："为什么不让你去？国家都没有了，家也保不住，应该去。"

冯：就像谁（邓玉芬）一样，送子女上战场一样的。

赵：她没有读过那些书，我不知道她那种革命浪漫主义是从哪来的，她总觉得人应该轰轰烈烈地活着，哪怕为此牺牲，[最起码]没白活。我妈旅游从来不去看山看水，只看红色经典。从我开始上班，有能力带他们出去旅游的时候，2007年第一次出去就直接去了延安，当时去大雁塔、兵马俑等这些地方她根本都不感兴趣，但是到枣园、延安、杨家岭就完全不一样了。然后2008年去井冈山、长沙、瑞金等，所有她走的地方，她只去[红色圣地]，其实她也理不清历史脉络、历史大事件、各个地方之间的关系，她搞不懂，但就是喜欢，会有一种天然的亲近感。

三、童年情结

赵：我是一个从小接受革命文化教育的人。没有上小学的时候，我跟我哥接受的都是我爸给我们讲的[红色故事]，都是红军、解放军这一类故事。但是，我特别小，上幼儿园的时候，也分不清红军、解放军。小时候，我爸特别喜欢我，很喜欢跟我讲这些故事。

冯：他讲什么了？

赵：他跟我讲革命先烈的故事，包括我小时候家里面墙上的大相框上中间的那张照片，就是《闪闪的红星》里面[的剧照]。

冯：《闪闪的红星》里面的哪个角色？

赵：潘冬子。那里（电影里）的小演员，主要演的是红军在井冈山那边，潘冬子的妈妈为了掩护自己的同志，把房子点着，让火光给敌人看见，继而掩护同志们撤退，但是她自己牺牲了。而且，她在牺牲之前，给潘冬子说她刚刚入党，说："从今天开始，妈妈是党的人了。"当潘冬子看见妈妈在火海中被烧死的时候，他在那边含着眼泪，别人都要冲上去救他妈妈的时候，潘冬子觉得妈妈已经是党的人了，大家不能那么冲动。因为爸爸也是红军，爸爸走了（去前线）。妈妈留下来打游击，牺牲了。后来他就一直在问，爸爸什么时候回来，红军什么时候回来，同志们就会告诉他说，等满山的映山红花开了的时候，红军就回来了，爸爸就回来了。这个是我童年的情结。

冯：是情结？

赵：对，就是情结！

冯：一直在心里的？

赵：对，就是映山红。映山红，这几个字对我来说，有着特殊的意义。在我没有上学的时候，映山红、红军这些词我是不知道它的历史的，［也不知道］宏大的历史究竟是什么样的，但是对于那么小的我来说，［知道］这些东西应该是跟牺牲联系在一起的。它们很圣洁、很崇高，哪怕那个时候我不知道圣洁、不知道崇高这些［究竟是什么］，但是它们就是可以超越日常的凡俗的生活，是那种让我仰望的，让我觉得特别不一样的东西。

四、入少先队

赵：我记得小学一年级的时候，我入［少先］队，当时我特别的庄严，我不会像其他的小孩子一样［把］红领巾随随便便地扔、随随便便地系在脖子上，因为老师说红领巾是红旗的一角，是革命烈士的鲜血染成的。我觉得那个东西真的［印象深刻］，所以我小时候确实是小学六年一直都是中队长。小学四年级，我可以完整地背下来一本《革命烈士遗书选读》，夏明翰写给他母亲、妻子的那些遗书，我可以一字不差地背下来。

赵：一个小孩子三、四年级，这些东西就特别能够打动我。我看《刑场上的婚礼》,看周文雍和陈铁军最后牺牲的时候,"让敌人的枪声作为我们新婚的礼炮,让刑场作为我们新婚的礼堂。"(电影《刑场上的婚礼》台词)那时候我才四年级,不懂爱情,我觉得这就是我心目中的[样子],觉得长大了好像应该是这个样子。你可以为了很伟大的一个存在而牺牲。我小时候,一直都是这种教育,确实很深入我的心。我们家的教育,我骨子里,有我爸给我埋下的一个红色的种子。

五、中学时代

赵:但是初高中的阶段,在升学考试的过程当中,我认为人活得可能越来越小。后来我回顾自己的心路的时候,我就认为小学的时候,我想的都是大事,但是到了初中和高中,我想的事情越来越小,就是自己的那点事情。对他人、社会,我关注得就会少一些,都是自己升学,以及考大学、考重点、考名牌,就不太想一些更宏大的、更超越性的东西。例如,我长大了,要干什么,应该怎么样。

赵:因为小时候一直有这些理想,后来我就觉得,人活得越来越小,真的就是越活越没有格局的那种感觉。直到大四的时候,开始去读一些对我有影响的作品的时候,觉得好像一下子重新被唤醒了,点燃了自己生命中原有的那种东西,特别感动。

六、大学选择

冯:其实,你是研究外国文学的,我们之前也聊过外国文学。但是,后来你渐渐地[转向研究中国传统文化]。你认为,在你年轻的时候，外国文学影响了你吗？

赵：外国文学可能很少影响过我。

冯：你为什么选择这个专业？

赵：我选择它，可能源自我对它的误读。我是从19世纪的俄罗斯文学切入到外国文学的。上大学的时候，老师给我们上课，我真正感兴趣的是19世纪的俄罗斯文学。它当时带给我的冲击［很大］。俄罗斯的知识分子跟中国有些相似，因为俄罗斯文化特别强调集体、国家和牺牲。我当时读屠格涅夫的《前夜》，那真是特别打动我的一本书，保加利亚的青年为了解放祖国［做出一系列努力］。这一下子就触及了我的情感和我从小的一种理想主义的东西，我会一下子就觉得外国文学都是这样的。读的一些作品，包括俄国十二月党人等，被那些东西所打动。（"十二月党人"是19世纪20年代俄国一批从事革命活动的青年军官。1825年12月，青年军官们发动了俄国历史上第一次试图推翻沙皇专制制度的武装起义，因而被流放，故名"十二月党人"。"那些东西"代指前面提到的理想主义。）但是，当我考上研究生之后，深入学习发现，整个人和外国文学在价值观上有非常深的隔阂，我一直都不太喜欢外国文学，尤其你越是回归自己的文化，越不喜欢它。

冯：为啥呢？

赵：完全不同的两种文化，想一下，咱们自己的文化，读《诗经》，尤其是《诗经·大雅》，再去读希腊、罗马的那些作品，就发现完全不是一回事，在价值观上不能完全接受。读希腊神话、读《荷马史诗》时，很难认同。没有价值观上的认同，也缺少情感上的那种共鸣。

七、北京求学

冯：其实，我觉得你突然间提到另外一个问题，就是你小的时候可能对你来说是一种召唤。你爸爸给你讲的很多东西，是一种召唤。到你工作以后，这种召唤变成了一种自我践行。忽然间，不是别人召唤你了，而是你自己变成一种召唤了。你想成为那个样子，然后你自己变成一个召唤者了。

赵：而且我特别感谢我在北京的时候。首先是刚到北京的时候，我遇见一些学者，比如汪晖，对我的影响很大。后来，遇见的还有对我影响更大的人。我那些年非常积极地去参与很多的社会活动，都得益于我在北京所接触到的一些非常有社会责任感的学者。我开始知道人生的意义是什么、我应该做什么样的人、应该为什么活着、生命最本质的东西是什么。一旦明白这些之后，我觉得特别幸福，就是你刚才说的召唤。但是，得有人召唤出来我那个内心的东西，一旦召唤出来这东西之后，我觉得它是内生的，因为有些人被人领着走，你跟着走，是可以的。我觉得最了不起的、最感动我的，是从我走出去，我小时候的朦胧的对很多美好的事物、对担当等这些美好的一种追求。后来，遇到的人真的在我有独立的思考能力之后，帮我去挖掘、去唤醒。这些美好一旦在我心里扎根之后，不会再改变。我觉得，这是我人生最幸运的东西。就像当年我放弃读博，我读到博一、博二就不读了，我从来没有后悔过。其实，我特感谢曾经做过的方向（选择），我能放下，敢放下。我相信，我的人生不需要一张博士文凭来给我确定性、安全感，我不需要这样的东西，我依然可以活得很美好。

冯：其实，北京之行，是第二次对你的激发？

赵：对，第一次是在童年，是他（指父亲）对我的激发与唤醒。

冯：但是，是懵懂的。

赵：对，不是深入思考过的，就是未经深入思考的人生。你知道那个东西美好，但是没有深入一个很理性的层面，甚至没有跟生命的本质意义连接起来。但是，到北京之后，我认为有很多老师对我的影响特别大，我也接触过很多美好的［事物］，我认为这些东西都是我特别喜欢的，朱熹的那首诗"半亩方塘一鉴开"。

冯："天光云影共徘徊。"

赵："问渠那得清如许，为有源头活水来。"我觉得，我人生可幸运了，就是因为我有太多的源头活水。

冯：其实，北京是你第二次的重要人生节点，是你自我敞亮的过程。

八、广场露宿

赵：而且不光是［遇到的］老师，接触了那么多的美好的人和事，也让我深入中国社会的各个阶层、角角落落的，做那么多的社会调研，吃过很多的苦。我特别感谢那段经历，我到现在还在怀念，我睡过火车站、地下室、各种广场，绿皮火车座位底下我都睡过。

冯：你还睡过［这些地方］？

赵：对，我在株洲火车站广场上露宿，在长沙橘子洲头露宿，在韶山广场、铜像广场露宿，各种地方露宿。

冯：都是为了去做调研吗？

赵：对。不在北京读书之后，有几年的时间，我都在做这些，这些东西影响了我。

冯：其实，北京之行让你更加坚定了，或更加理性了，你用了一个词："理性"，不是一种感性的、懵懂的状态，是一种成熟的、理性的思考。

赵：对。

冯：这种成熟的、理性的思考之后，你会变得更加坚定一些。

赵：而且是实实在在地体会到那种状态，它真的很美好，活得很自在、很舒服。我不喜欢，并且一直都不能接受去过纯粹的个人的"小日子"，每天想着自己的那一亩三分地，就想着自己的那点小事。我觉得，别人可以，但我不行。也不知道是哪里来的，也不知道为啥，从小就对自己有一个特神圣的期待，就感觉是不一样的，这个自我期待一直都有。

九、孔子问志

冯：我觉得在你的成长经历中，小时候的家庭教育、北京之行，都对你有一定影响，再一个就是去这些红色的地方。还有一个，我觉得读那些书也对你有一定影响，就是读那些中国传统文化方面的书。

赵：对，传统文化。其实是从 2012 年以后，才开始读的。

冯：是系统地读了吗？

赵：我不是那种系统地读，读东西特别慢。因为我会反复读这一句话，比如说"学而时习之"，我可能会琢磨老半天，反复地去想。或者说，《论语》里面像孔子问学生志向的那段，子贡还问孔子志向，孔子回答："老者安之，朋友信之，少者怀之。"其实，我特别喜欢的那几段，可能就不是说，你看过了就拉倒，这些会反反复复地咀嚼。有的人，可能《论语》从头背到尾［都能背诵下来］，特别厉害，但是又怎样呢？那东西不是拿来背的，如果《论语》里有几句话，你真的理解了，其实可能不需要背整本。《孟子》《中庸》《大学》这些经典核心处不都是相通的吗？不是说全都背下来就如何了，关键是最后是不是真的化成你生命的养分，是不是参与你的生命，是不是塑造你的人格，是不是指导你的生命的实践，我觉得这个更重要。

冯：可能是99%的人读了，但1%的人都不到，能把它和血肉精神融为一体，变成实践指南。这可能是极少数"古之学者为己"。

赵：所有的东西，对我来说，真的都不是为人之学。我觉得，革命文化本身，其实又是传统文化的一个延伸，它是从传统中走来的。

冯：对，有家国天下的情怀，就是中国传统文化的一种延续，他一定是天下兴亡，匹夫有责。你后来又读了《孟子》？

赵：《孟子》和《孔子》相比，我可能更喜欢《孟子》。在《孟子》中，读到凛然正气。

冯：对。"吾善养吾浩然之气"，就是那种大丈夫的感觉，顶天立地的，混沌于天地之间、与天地为一体的浩然之气。你发现，你已经分不清是天地还是我，和天地以浩然之气共存在了，更加体现出一种中国文化精神。

赵：我确实更喜欢孟子的那种人格。

冯：读儒家多，还读其他方面的书？

赵：也读老子的。老子我确实看过很多，而且有一段时间还特别深入地去研究，对我来说，我可能会比较集中地体会它，但是我更喜欢庄子。

冯：庄子我读过一点儿，不像老子，读的稍微多一点儿。读朱熹、王阳明，他俩的书，我读的比较多，再后来读曾国藩。先秦典籍中读《论语》《孟子》，还有《老子》《庄子》。《大学》和《中庸》，我读的比较多。可能最难读的是《中庸》，但最需要读的，恰恰是《中庸》。在先秦文化当中，在"四书"当中，我觉得它的地位是绝对的，传统文化的一个最核心代表，写得太美、太好啦。我以前不太理解朱子，后来读浙江大学束景南写的《朱子大传》，然后读《朱子读书法》，读《传习录》。再后来，买了一套《朱子全集》，但是还没读完。

赵：全集好多。

冯：对，四卷本。

赵：我也有。读《王阳明传》，你读的是哪一个版本的？

冯：《王阳明传》，我读的应该是钱德洪写的。买了王阳明全集，我从前到后四卷本都读了。

赵：你挺厉害。

冯：包括王阳明行状，不同的行状。有两个行状，别人记录他的，有一个是他弟子的，还有一个是其他人写的。我都做了笔记了，仔细圈点勾画，包括他的书，他的诗文，他写的各种文体的文章，基本都读了。四卷本我基本读完了，而且有的不是读一遍，而是读了几遍。我没去走王阳明的人生轨迹，没有实地的走过。但是，我觉得我理解王阳明。其实，他的一生，这种孜孜以求，就是在不断地超脱陈寅恪所说的"士之读书治学，盖将以脱心志于俗谛之桎梏"。他一方面是在世俗当中，另一方面又脱世俗之桎梏；一方面要治国平天下，另一方面又要成圣成贤。这是他一生的矛盾，也是他一生的成就。

赵：对。

冯：你看他有恻然，也有惆怅，与其说是圣贤，不如说是表达了一个普通人在成圣成贤的路上不断地反复纠结、徘徊决绝，不断地丰富、完善自我的一个成长过程。他被囚禁在监狱里面的那种心情，他被贬到龙场的时候，他的情绪，他写的诗文，可以看出来，他就是一个普通人的心声的袒露。即使是圣贤，他依然有他的情绪，有他心里的苍凉。其实，只有完整地走近他的时候，才会理解，与其说他是圣贤，不如说他是在成圣成贤的路上，他在不间断地去超越自我，超越自我的平凡。

赵：而且，圣贤也不是一个静止的状态。

冯：对，其实我觉得都是一个不断地纯粹的过程。

赵：对。不是说有一个硬性指标，有一个数值，我到这[数值]了，就是圣贤了。然后我在数值之前，就不是圣贤。它不是那么回事。人生就是一个不断精进、不断修炼自我的成长过程。

冯：对。我就读了这一点儿。

赵：你读的那点儿，也很多了。你的阅读量，应该是特别大的。我读书很少。

冯：读的没有你那么精。

赵：我受限于资质，读书就是慢，然后也快不了，既然快不了，那就找适合自己的方式。

冯：读书，其实慢才会真有收获，尤其是典籍。不仅仅是慢，而且我觉得是反复。看一遍，过段时间再看一遍；今年看完，明年再看；明年看完，后年还看。可能有些经典典籍，它需要不断地回到那儿去。

十、像陈寅恪

赵：尽一份社会责任，不需要说什么口号。从小到大，我一直特别幸运。感谢家庭从小带给我的教育。在小时候，父母给我讲的道理和故事，我是真觉得美好。可能人生中我自己庆幸的一点，就是对美好的东西，我是真正地追求，从来都不是外在于我的，一旦真的成为你内在的一种生命的追求之后，一辈子就是活成这样。

冯： 给了你一个高贵的精神，而让你身体上稍微弱一点儿。

赵： 我觉得确实还是挺感谢的。我认为，不是每个人都活得很通透。我不是说我活得通透，如果能把很多东西放下的话，也是挺难的。但是我有幸能够让我不被很多东西所牵绊，我就觉得我生命里少了那么多别人的焦虑，求而不可得的那些东西我没有，我觉得我真的有挺被老天眷顾的感觉。

冯： 所以这样，觉得已经很好啦？

赵： 对。当年，如果博士我不是把它放弃了，我就读下来，那会不会我就不是今天这个样子了？但我真就从来没有后悔过这样，我觉得能够在博二的时候果断放弃，对我来说，那是我自己最自豪的一件事情，因为是它（放弃读博）让我懂得取舍和创新。我认为它对我不重要，对我来说就没有什么，尽管说现在好像是对我的影响很大，但我还是挺庆幸当年的自己。有很多东西，如果说我还能够看得开，那是我的幸运，我精神上没有承受别人那么多的煎熬和焦虑。

冯： 你在精神上的高贵处，可以和大家相比了。

赵： 没有，我不跟谁相比，我跟我自己比就行。

冯： 你像陈寅恪一样，遍游欧洲各国，到哪儿都学习，不为了取得毕业证书。回国之后，著述讲学，成为教授中的教授。哪怕一个学生来听课，他依然是换好长衫，肃穆而对。在双目失明之后，知道自己失明了，第一件事儿，就是通知学生不要来上课了，而不是着急忙慌去医院。这就是文人的风骨。在这一点上，你是有的。

第四章
关于人生的对话

一、人间值得

冯：我觉得能想着社会责任，想着"无穷的远方和无数的人们"都和你有关，这种责任不是喊口号式的，是自主式的，是默默无闻式的。这种是从内心当中把它当作一种信念，把它当成一种行为准则的。

赵：它是内在于我生命的。如果说我没有它的话，我都觉得我不用活着。真的，如果没有它，我会去伺候父母到老，如果父母不在的话，我都不知道我在这个世界上活着的意义，但是因为这一份社会责任，那是内在于我的，从小到大它都在的。

冯：也就是说，这样一种社会责任，是你生命展开的方式、生命表达的方式。除此以外，就没有什么意义了。

赵：是。我特别不赞同那些说人间不值得的人。我不觉得［人间不值得］，人生是有很多的无奈、很多的不堪，但是人生还有那么多的美好。

冯：这真是不容易！从一个天天失眠的、情绪容易激惹的人的口里边说出来这样的话太不容易了。因为失眠就容易焦虑，焦虑就容易激惹，而且自己身体还老是难受。

赵：你再难受，也有比你更难受的人。

冯：对。但不是所有人都这么想。

赵：我很幸运了，我觉得我这都是小病，而且还生而健全，不缺这，不少那的。

冯：你这要自信人生二百年了！

赵：你说，是不是这样呢？……

冯：这种积极心态！

赵：本来就是。你身体再不好，但是身体真不好比你承受更多痛苦的［人］那可多了去了。

冯：说的太对了。

二、去影响谁

赵：其实，可能是学生激发了你的那种美好，很宏大的那种理想，要为国为民，需要找到一个方式。最后我发现，实实在在的就是在课堂上。毛主席青年时说要"改造中国与世界"，可是怎么去改造中国与世界？这需要一个一个人、一个一个具体的方式。你会发现，课堂是你能够努力的方式，甚至有一些人你是可以改变的。

冯：是的。

赵：可能前几年，［我］有一种急躁的心理，就是有意地想要去改造谁、改变谁。现在不是那种心理了，现在觉得先改变自己。等真正活成了某个样子的时候，自己就会自然地发光，就会有人被感染。倘若你自己都活得很焦虑……

冯：高度赞同。

赵：不是说首先要去改变别人。

冯：对，不是要去改变别人，当你自己变成美好的样子的时候，自然影响人。

赵：孔子说的"老者安之，朋友信之，少者怀之"。你要成为他人心中的一个支柱、一个确定性，但是别人凭什么让你成为他的确定性，他一定是看你活成了某个美好的样子，然后他才愿意去相信你、学习你，你自己都天天那么焦虑、操切、老痛苦的样子，你还想要去影响谁？

冯：是，你说得对。自己盛大从容，自然就给人一种美好的样子，庄严的感觉，凛然不可犯，自然就是被尊重。

赵：首先，自己活得——虽不敢说有多明白，但至少也别活得太差劲。然后，活得自然自在就好，不是说我要去改变谁、要去影响谁，我就尽心尽力做好我自己该做的和能做的。

三、率性而为

冯：天命之谓性。你追求的，就是你的自然禀赋，就是你的天命。

赵：所以我觉得率性了。

冯：就得率性，如果不率性的话，就不幸福，就不快乐。你觉得人间值得，如果没有你的幸福感，哪怕你得到了别人所羡慕的一切，但你仍然觉得自己是不幸的、不快乐的。

赵：对。可能很多人都"瞧得起"你了，但是我自己都瞧不起我自己。

冯：对，天命是不能违背的，违背了你会自己痛恨自己，厌恶自己，不承认自己。

赵：对。

冯：活成了你的天性的样子，率性而为，顺大道，就是你自己啦。

冯：是其所是。在这个意义上，这也是造物主对你的一种安排，也是你自己能够顺其自然，顺应天命。只有这样，你才能够在世界上安然地存在。

赵：我确实是这种心情。我觉得不是每个人都能够去思考这些东西，并愿意为你的思考［树立］一个理想，而且愿意真正地去践行。我觉得我能活成这样，真的，我很感谢很多人，觉得很好。

冯：没有活成自我讨厌的样子。

赵：就像有人会说："我就不相信，你们老师都像你上课那么累。"但我认为，我上课不是去上给别人看的，我就想好好上课，我不需要谁来奖励我。

四、是一个人

冯：《中庸》当中"遁世不见知而不悔，唯圣者能之"，就是不随时代而变异，我是什么样，我就永远做成我自己的样子。

赵：我认为，不是因为时代好，就做一个好人，人要有理想、有担当，时代不好，你就不做，不是这么回事。你是人，你在各个时代都应该是一个人。

冯：但是，人很难能洁身自好，能不受时代裹挟和左右的。这很难。

赵：是，但我认为，对我来说，不是什么难题。

冯：对你来说不是，但对其他很多人来说［是个难题］。其实，这么看来，就是各得其所。

赵：这就是你自己想要什么样的人生，你就去［为之努力付出］。像我这样，可能有人会觉得我好失败，啥也没有。可是我看我［现在的状态］就觉得有人更失败，有人连个人样都没有，这不更失败吗？

冯：看着天上的白云朵朵，能感受到它的存在；看到水面波光粼粼、湖光山色、苍松翠柏、柳暗花明、杨柳垂低，人能有心情去享受眼前所见。我认为，这就是万物共生的一种感觉。

赵：对，你的眼中能够有它们，能感知到它们，多不容易！但是，现在多少人，都感觉不到。

冯：很多人，世界之大却感受不到。其实，是把自己的内心局促在一个闭塞的角落空间里边，没有大自在。不能"侣鱼虾而友麋鹿"。

赵：任何人，都不会影响我的生活，对不对？

五、为人为己

冯：读书不意味着就多高明、多深刻。有些东西是天生的，人都有一些禀赋，读书可以改变自我。曾国藩说："唯读书可变化气质。"但是，读书得读到一定程度，得有领悟能力，才能变化。

赵：而且要真入心了。

冯：对。

赵：你读的书，都是在人前炫耀的资本，或者说都是你出去变换、去兑换的工具。

冯：你读的书价值就非常有限。

赵：对吧？

冯：它是一种交换手段。

赵：孔子说"为人之学，为己之学"。其实，你读的书，说到底，如果真的是为己之学的话，没有问题。你读过所有的书，都化成你人格的样子，参与你人格的形成，这些书就有用。但是，大量的人读了那么多书，人格不是该怎么猥琐，还怎么猥琐？

冯：你说得对！所以，书不是读了，就可以使人发生变化。

六、活出学问

赵：孔子所谓："朝闻道，夕死可矣。"这种感觉是真的活明白了。其实，生命的长短，也不是用时间来衡量的。

冯：对。但不是每个人都知道"朝闻道，夕死可矣"的真正价值，或者是能够去践行的。像你之前说的一样："学问是活出来的！"对我影响很大的，这个观点。

赵：谢谢。这就是那么回事儿。

冯：不仅仅是那么回事儿。我觉得，活出学问来，需要勇气、智慧、行动力。不是每个人都能活出学问来的，大部分人是写出学问来，不是将道义装在自己内心当中，并按照这种准则去生活。

赵：学问是一种状态，自身生命的一种状态。

七、坐公交车

冯：对。所以一些现代人的自我分裂感很强。自我不是一个完整的、统一的、自洽的整体，可能随时处于自我割裂、自我矛盾、自我挣扎当中。所以，很多人的自我内耗是挺大的，精神内耗。

赵：真是。我觉得，自己最庆幸的就是没有内耗。可能是因为，我的精神永远能比较充盈，所以不管身体上的状态多不好，我也不去内耗，不去消耗自己精神的能量。

冯：因为你自己自洽，你的精神都灌注到某一个点上去了。不像有的人，虽然精神很旺盛，但是不自洽。所以内在的自我消耗太多了，一天干不了多少事，反倒很疲倦。现代人的这种倦怠感很强，没有一个内在有机的东西，把自己统一起来。既然不自洽，他就是分裂、内耗、焦虑，并对各种分裂的状态焦虑、矛盾，然后就倦怠了。倦怠了，就躺平了。但躺平，也不是自洽的。躺平，也是处于一种割裂当中的。因为身体躺平了，但是他心理上还跃跃欲试。所以，还是割裂的。

赵：躺平，不是因为他放下了。

冯：不是躺平，是碾平了，被压平，被社会压平了。所以你这种生活是让人很羡慕的一种自洽，幸福指数很高。

赵：反正，自己幸福就行了，可能别人不觉得，但生命不是活给别人看的。

冯：对。这个很重要，无论怎么样，生命都是自己的。

赵：前几天，我坐公交车到［沈阳师范大学］北门门口。在下车的时候，脑子里不知道为啥，突然间想了两种情况，于是就问我自己。一种情况是如果你可以永生，但是你活得糊里糊涂的，啥也不知道，接近于动物性的活着。另外一个，就是你的生命会比较短暂，但是，你知道生命的意义和价值，而且你能够为你的价值和意义去努力，并且你真的是有益于这个世界的，你是对某些人产生了影响的。你选择哪一种？我当时想，我要第二种，我不会要第一种。我觉得，苟活着，对我来说，就是不要活。我自己在脑子里想这个问题的时候，觉得这个答案是根本不需要有片刻犹豫的。虽然，生命的"下半场"不知道什么时候结束，但其实不会有那种恐慌感。因为当三十几岁，我开始去想明白这个问题的时候，就不曾辜负过自己的生命。但是三十岁之前的生命，在我能够明白人生的意义，这样一个最根本的问题之前，我确实是荒废过很多生命的时光，那个时候不知［怎么］就那么过来了，但在知道之后，我就再没有虚置过光阴，没有浪费过生命。我希望生命长一点儿，希望自己还能去做一点儿事情。但如果不能，那么也没有关系。虽然有遗憾，但是谁的生命没有遗憾？

冯：对。

八、学生来信

赵：外在的没有那些认可，但是自己有一个自我的确认。自我确认又不完全是抽象的、假想出来的，确实在你的日常教学当中，能够切实地感受到的。它不是虚的，不是空想出来的。我记得有天晚上九点多，一个毕业三年的学生，突然间给我发了一条信息（见《第一章 关于师与生的对话》中"飞雪迎春与张星星"对话部分）。她是在重庆师范大学读研，现在研三，在写论文最后的致谢。她突然间写到那儿的时候，大概比较激动，所以就给我发过来了，她说在写毕业论文的致谢，写到泪流满面。在自己的致谢里面，首先感谢的是她的硕士研究生的老师，然后想起了她的外国文学老师。她就把她那篇致谢发给我了，其实真的就觉得……

冯：永远活在人民心中了。

赵：对。我平时跟她交流不多的，我甚至都不知道，我对她还有过影响。他们是二学位的学生，我只记得她在毕业的时候，那个时候疫情期间，她找了一间教室，在黑板上给我留言了，拍了照，说没能见到我很可惜。我觉得，可能同学们毕业的时候，就很正常的，对每一个老师都会有一种留恋和感谢。但是,她那天晚上发那个消息,确实是让我一下子就确认了自己的意义。我记得在读《北京法源寺》的时候,梁启超和谭嗣同[的一段对话],梁启超劝谭嗣同跟他一起去日本,谭嗣同就是要留下来。谭嗣同有一段关于生死的、很大篇幅的一个表达。大概意思就是,他虽然是死了,但是他在你想不到的时候,可能就在发挥作用。

冯:"孰谓公死?凛凛犹生!"(辛弃疾悼朱熹语)

赵:对。这时候就觉得,人就应该好好地去做该做的事情。其实,总有那么一些人,他会被你的那个东西所点亮,至于说点亮到什么程度,那不是我能够决定的。有缘分的话,你可能就说到他心里去了;没有缘分,你也该做什么还是做什么。也不能说,因为大家不能被你影响,所以我就不要去做。因为这是你的生活、你的生命,不管别人怎么样,你都该这样活。有人与你有缘,他就受到影响了、改变了或者怎么样,那就是额外的偏得。

冯:无穷的远方、无数的人们,都与我有关。(鲁迅语)

赵:对。会感受到一种人心的美好。不是对自己简单的有信心,是对一个整体的人心,那种人情、人性的东西,会觉得它很美好。

冯:而且这种美好就在于,在这么长时间以后,它依然会持续地影响他的人生,影响他的选择,影响他面对困难时候的自我抉择、自我坚定。我觉得这是非常美好的。在这个意义上,学生把你对他的教育带出了校门,带进了他的人生。这是美好的地方,无论以后他走到哪里,你可能都不会担心他。他成为一个人了。你的思想、精神已经进入他的血脉、他的精神世界了,和他成长在一起。这种成长,已经无法分割了。所以他以后无论走到哪里,你都不用担心他。因为,他一定会做一个能够面对生活中的不断出现艰难困苦[的人]。另外,他会变成一个好人,一个对社会有价值的人。所以这两点,就能保证他这一生就会过得很富足,而且对社会有意义。

赵:其实,它有很多层面的意义。首先,可能第一时间,你会被师生之间的这份情谊感动;另一方面,就是我刚才说的,这种东西让我看到一个人性的美好。实际上,更根本的,恰恰是说,人性是可以如此的美好,这个世界才可以美好。这个世界,才可以不是现在这个样子。这个世界才是可以改变的。"另一个世界是可能的",就是这个意思。其实,在这个意义上,可能我不是能从整体上改变这个世界的人。这肯定不是。但是会让我对那样的一个目标充满信心。然后可能就会觉得活着是永生的,是有意义的一生。什么是有意义的?就是把自己的人生汇入一个整体性的、理想的进程当中去。你是那长河中的一朵浪花,哪怕是一个小水滴,都是有意义的。你不是一个个体的,就这么吃这个世界、喝这个世界、消耗这个世界,然后你走了,没有给这个世界留下任何东西,个体的生命也就彻底消失了。但是实际上不管是短暂也好,长久也好,个体都汇入了一个整体的历史进程当中去,确实就觉得特别的美好,那个意义感其实是在这儿的。

冯:我理解。其实你以这种方式,在星星点点地,去影响你可能遇见的每一个人,包括你的学生,可能也包括其他人。学生们进入社会以后,他们也会影响他们身边的某一个人,也会以星星点点、散落的方式,散落在这个世界当中的每一个角落。然后他们又去影响他们所能影响的这些人,这些人又散落在这个世界当中的每一个角落。可能孔子说的"德不孤,必有邻",就是这样的,在这个世界的另外一个角落,可能还有和你一样的人。

赵:对,你之所以能够去打动他,就说明他可以和你共鸣。他没有琴弦,怎么去跟你共鸣?你点燃他的前提,是他那里也有种子,他得有火种。就是有着这样的一个真切的、真实的前提在的。所以我觉得最后不是说我影响了谁,我觉得他的人生改变了,我就很幸福了。是的,个体的人生的改变,我熟悉的、我认识的、跟我关系好的这些人,他们的人生改变,首先我是有很真切的幸福感,但是还有一个更大的意义感。

冯:这种意义感,不仅仅是世界会美好,指向未来的,同时也在于历史和文化的延续上,这种民族、国家,或者是古圣先贤的精神的延续。这种延续恰恰在于古圣先贤、国家和民族的文化,点亮了你,点亮了我。孔子说的那些话,其实是以言行的方式体现出来的,是以语言的方式体现出来的。《论语》可能没有点亮所有人,但点亮了其中一些人。《论语》,在一定意义上,是充塞于天地、贯穿于历史,跨越历史、照亮当下,点亮了你。所以,在这个意义上,文化之根、民族之魂,恰恰是以文化的方式、以语言的方式穿越了历史,进而点亮了个体,以这种方式传承下去了。这不仅可能使世界变美好,也是一种历史的传承。就像你说的历史的长河,我们在历史当中,不仅仅是在共时性中,获得意义感或幸福感。我们在历史当中,我们每个个体都获得了一种意义感和价值感,因为你和历史、和民族国家、和文化、和人类联系在一起了。

赵:对,其实世界可不可以更美好,它本身就涉及一个文化的问题,是中西方文化的根本性的差异问题。所以,当你相信"另外的世界是可能的",世界可以不那么糟糕,人可以活得像一个人一样,它其实就是基于我们中国文化的。什么叫"传统"?它是活的,它是活在当下的,它尤其是活在我们每个人的身上的,它就是真的"传统"。我们其实现在所体会到的这种美好,每一个人能够成为当下这个样子,肯定是[由于]我们自己的传统文化,再加上我们曾经的20世纪的革命文化，其实这些都是传统。这些传统可以活在我们的身上，尤其当你自己能够真切地感受到那些东西的时候，你才能知道文化的力量，无论是革命文化还是传统文化。你就会特别相信，它可以在你的身上去呈现出一种深度的影响，它可以塑造你的人生、塑造你的精神世界，可以让你活得非常的饱满，可以让你自己去活得特别充盈。其实很多人都可以这样，那就是毛主席说的"六亿神州尽舜尧"。

九、素位而行

冯：中国文化，最根本的一条，在教每一个人做人；做老师，更根本一条就是，你首先得是个人。

赵：对。否则为啥要言传身教呢？

冯：要学生成人，老师，首先得是个人。像孔子所说的，"无终食之间违仁，造次必于是，颠沛必于是。""富与贵，是人之所欲也；不以其道得之，不处也。贫与贱，是人之所恶也；不以其道得之，不去也。"老师得有这样的一种品质和精神。在任何时候你都得有个人样。对，换句话说就是颠沛必于是、流离必于是。

赵：另外一句"君子固穷，小人穷斯滥矣"也是［这个意思］。

冯：还有《中庸》当中也有一句"君子素其位而行，不愿乎其外。素富贵，行乎富贵；素贫贱，行乎贫贱；素夷狄，行乎夷狄；素患难，行乎患难。君子无入而不自得焉"。就像朱熹所说的"与道渐渐相亲"，就是始终不曾离开，不管什么处境与状态，得一直保持这样一种不变的姿态。另外一点，关于读书，以前我有过一个很深的感受，什么叫首先做一个人，然后做一个有学问的人。什么是有学问的人，很多人读了很多书，包括很多读到一定程度的，作为知识分子，读了很多书，但是读书可能在一定程度上，是和这些书的作者对话，读《论语》，可能就和孔子在对话、交流，他穿越时空坐在你面前，你跟他说说话。读《孟子》，那就可能是跨越时空，和孟子说说话。如果你没做成他那个样子，或者是你没按照他那个样子去做，或者说你读了他的书，但是你说一套做一套了，或者像之前所说的，你说的是六层楼那么高，结果你做的是二层楼那么高。你再去捧起他的书，或者你的卧室、书房里边再有他的书，看到这些书，会觉得不自在。

赵：对。

冯：会觉得那本书，就像他站在那里，或坐在那里，看着你一样，会觉得不好意思。因为他说的，你说了，但是没按照他做的去做。或者说你没力所能及地去做，你不一定成为他，但是你是否在力所能及地去做，或者说你是否在不断地向着那个方向去做？

十、躬身践履

赵：有一个更重要的是：我认为中国的学问是需要你去身体力行的，如果说你没真的去做，你其实也不可能真的懂那个学问。因为那个境界，就是你必须得自己真的去践行了之后，你才能够着。否则他说的那些字，你都可以烂熟于心，但是你不知道它真正的意思是什么。

冯：这就像你说的，其实孔子那些话，不是他说出来的，是他做出来的。他做出来以后，他才说出来。所以，中国的学问是践履之学，在这个意义上，就是他活成那个样，他才能说出这样的话。他的学问，像你以前说的，他不是做出来的学问，是活出来的学问。那么在这个意义上，既然是活出来的学问，每一个读他的书的人，应该是知其言，明其意，还得行其理。如果没有行其理的话，做的其实是说的反面，甚至比说的还龌龊，那你可能永远不能够活成人样。换句话说，在中国，有学问的人可能不仅仅是有几篇高头讲章，是你在生活当中这样做了。你读了圣贤书，然后这样做了，是有学问的人。写了几篇高头讲章、出了几本煌煌大著，在中国文化的意义上，这未必是有学问的人。

赵：对。

冯：这恰恰回应了你刚才所说的传统能活在当下，文化能够变成每一个身体力行的"行走者"。在这个意义上，它能够穿过历史，跨越时空的对话，成为每一个人身上的言和行。这种文化和他的血肉长在一起，然后他能够言、能够行，能够做一个人，做一个有价值的人、对社会有意义的人，然后才能够［使这个世界］变成另外一个世界。这可能是中国文化的要义，就是指每一个人都能够变成一个行走者，所以像毛主席说的"六亿神州尽舜尧"。要不然，我觉得这是不可能的，老师首先是个人，然后在学生眼中，他这么说了，也这么做了，那他是一个有学问的人。有学问的人，是言行一致、知行合一。学生看老师能活成这样，我天天跟着他，三四年之后，我也能活成这样，我也能像老师一样去活着，或者是，我也能变成一个有光亮的人。

十一、双向奔赴

赵：而且他会觉得，活成这样，真的挺好的、挺幸福的。上课的时候，我跟学生说过："我特别不赞同老师是蜡烛，燃烧自己照亮别人"［这个观点］。老师根本不是燃烧自己、照亮别人。其实你真的用心地去投入这件事情的时候，老师就活成老师该有的样子；自然地，学生他反过来会点燃你、照亮你。用现在的话说，就是双向奔赴。根本不是你把自己给燃没了，油尽灯枯了那种感觉，是一个不断充盈自己教学的过程，是一个自己越来越美好、越来越丰富、越来越有信心〔的过程〕。这种信心，恰恰来自教学、来自跟学生的互动。你看到学生的成长、学生的变化，从学生那里获取了很多，不是单向的付出。我努力备课〔认真上课〕，就自自然然的一个状态，学生慢慢地会被打动、被感染。日复一日，这么积累下来的话，他就觉得老师这个样子是很好的。以前我的学生总会跟我说："我们都觉得上芳芳的课，就是这一周来净化一次，平时的心态总是要么紧张疲惫，要么空虚无聊，到你这个课上来，至少那两节课的时间，我们是可以让自己干净一些，可以净化的，是可以让自己放松下来的。"这种东西是很美好的，学生能够真切地感受到你的生命状态，他也会看你实际到底是怎么活的。

冯：你刚才说的观点，像《学记》中说的教学相长。你活成了这个样子，学生会产生一种惊讶。学生觉得，她不是装出来的。这么长时间，就是这样一种生命的状态。她真的就是这样的一个人，真的就活成她自己向往的样子，她愉快的样子，甚至她幸福的样子。所以学生就会很自然说，我也可以这样，学生之后反馈给你的样子，让你觉得更加坚定了，每一个人都可以这个样子。然后你才觉得，原来我这个样学生也是这个样。我是个人，学生也是个人了，我们都成为人了。这也就是回到刚才说的教学的问题上，就是教学相长的、双向奔赴了。另外，之所以〔你上的〕这个课学生会有这种感受，比如陶冶、净化、精神成长，在这个意义上，像这样的课也是一种稀缺。换句话说，可能在一些老师课上，没有把知识变成一种内在的、自我的精神的成长，没有指向人的精神的富足丰盈，没有朝着是一个人的方向去成长，而是把知识作为一种交换，作为维持自我基本生存的一种等价交换。我来念书了，你有义务、有责任来给我讲课。你讲课，教给我知识，我通过这点儿知识，获得了一个未来生存的证书。这就是你完成你的使命，我完成我的使命。完事之后，两不相欠，江湖不见。这就割裂了人和人之间的指向生命成长的这种意义。

第五章
关于中华优秀传统文化的对话

一、你高你低

赵：中国的经典，必须有相应的人生经历和感悟，才能读出味道来。你的生命到一个阶段、到一个高度了，然后你能读出的经典的高度也就随之增加。你就那么低，经典也就那么低；你高一点儿，经典就高一点儿。［我］大学的时候读《论语》，就觉得没［读出来］啥。

冯：引用一下可以。

赵：你很低，你说你能看见什么嘛？你跟人家又不是一个档次。

冯：孔门外望。

赵：对。只能说你的人格、境界，逐渐往上攀升的时候，你能看到的，也就一点一点的多起来。经典是随着你的人生、眼界、阅历、思考的程度，不断地深化和开拓，经典才能不断地变得丰富起来，你在哪个层次，你就看到哪个层次的经典。

冯：你说的，恰恰是朱熹说的，"渐渐相亲，久之与己为一"。你一点点才感受到它，才与它融合一体，不是一下子的历程，是一个纯粹的过程。所以对于圣贤，很重要的一点就是克己，他在克己的、纯粹的过程当中，才能逐渐地感受到、领悟到那种恢弘、盛大、胸怀宏阔的感觉，或者说是盛大而有光辉。

赵：对，这就是孟子说的那几句话，"可欲之谓善，有诸己之谓信；充实之谓美，充实而有光辉之谓大，大而化之之谓圣，圣而不可知之之谓神"。

冯：我刚才说这几句是朱熹说的，他们是一脉相承的。肯定是朱熹反复地熟读精思、切记体察。这是朱子读书法。他确实是这么读《论语》、读《孟子》，才能有文化上的一脉相承。因此，没有先秦［圣贤］，也成就不了朱熹。他不是一下子出来的。

赵：对。

二、嘴角上翘

冯：我觉得在这个意义上传承，在传承当中才能够有创新，一定是在《论语》《孟子》当中反复地沉潜，才走出了朱熹。所以你听我说朱熹的那些话，你能一下子回到《孟子》那里去。另外一个我读朱熹的理学的感受，觉得和教科书上写的、讲教育史的一些专家所说的朱熹［不一样］，［他们讲的朱熹］我觉得还是太呆板、片面了，我觉得真正走进朱熹的时候，会发现他是活泼的、灵动的、宏阔的，非常宏大的一种天地存在。你真正走近他的时候，你才会感受到。否则，根本不太可能理解朱熹。

赵：对。大家习惯了，不了解的时候，就一下子否决掉，就显得自己比谁还厉害。

冯：所以，不了解什么是存天理，不了解朱熹的整个学说体系，不理解它的精髓，根本就是管中窥豹，无法见其大，难以得见中国文化史上不可逾越的一座高峰。不理解朱熹，就不理解明清的文化，就不能理解王阳明，也理解不了曾国藩，甚至理解不了有明以来，或者说自朱熹以后的文化。所以你不走近朱熹、不理解朱熹，你可能就不能够完整地理解先秦以来的文化。所以从先秦到明清，是高山仰止，而且是真正的中国文化传承上的一个高峰。虽然我不研究朱熹，但我能理解他。其实不一定读了太多的书，就理解了朱熹。反复揣摩他的几个篇章，就觉他的精髓就在那里。其实就像朱熹说的："某反复说的，其实就是一句话。"这是朱熹原话。包括王阳明，他说了很多话，其实也是一句话。在这个意义上，这就是文化的一个价值，通过历史的跨越时空的对话，来实现了文化的一种认同、传承，以及每一个体承载后而成为"行走"的文化、"活"的文化。其实恰恰这种文化就在当下，它从历史变成当下了。这也是我这些年读中国传统文化，很重要的体会。

赵：传统就是它依然活在当下，还能够去参与你的当下。

冯：所以我博士毕业以来，很大一部分读书的精力都在传统文化上，尽管读得有些囫囵吞枣，但还是有一些收获。当然读它，不是为了研究它，就觉得读它很舒服。

赵：对，你读着它要很舒服，这才是传统文化最真正的价值。你要真是研究它，很多人都在研究它。如果说很功利地所谓去研究的话，那东西还是枯燥的。如果说是去研究的话，你就已经把它客体化了。

冯：我还是走到哪儿，随性地带一本，然后读一读，感受一下，觉得写得真好。像王阳明的《玩易窝记》。写得太好了。读经典的时候，能让你读到拍桌子。

赵：或者说有时候我读《诗经》的时候，真的会读到那种嘴角上翘，那么美，有种"出世即巅峰"的感觉。

三、自家文化

赵：对比中西方诗歌的源头处，就是如此的不同，这种文化的优越感真的是太真切了。走近自家文化的时候，再去看看西方的东西，那就实在是［不一样的］。有时候我的学生就很奇怪，说老师你教外国文学的，咋还老批评外国文学。对我来说，我觉得学外国文学的一个好处，那恰恰就是鲁迅说的，从旧营垒中来，反戈一击，易致强敌于死地。他说自己从旧世界来的，知道旧世界是啥样的。所以，其实学外国文学也有这个好处，有一个参照。其实，参照了别人家的那些东西，再回头来看自家文化的时候，你才知道，咱家的东西有多了不起，才有自信。

冯：对，比较的一个视野，非常重要。

赵：一直在自家文化里面，其实也不知道他们的文化是啥样，咱家［文化］这样，你也不知道是好还是坏，已经习以为常了，很多美好、伟大，觉得从来不就这样吗？不就应该是这样的吗？但是，实际上如果有另外一个文化给你形成一个参照、比较的话，就更容易知道自家的了不起了。太不一样啦！

冯：你说的是。确实是太不一样啦！因为中国传统文化一开始就致力于对人的天地境界的观照，致力于人的精神世界的打开，这是它最伟大的地方。

赵：中国文化从来就是把人提升出来。人跟动物是不一样的，就是天地境界，人就是君子人格，跟天地比肩的。而西方不是这样。

四、顶天立地

冯： 中国文化一开始就是自强不息、厚德载物。

赵： 那才是人，从一开始就是顶天立地的。

冯： 对。中国文化，一开始就把人置于天地之间，一开始就把人放在顶天立地当中去理解人的自我、理解人的精神生命。所以就使人获得了一种无边无际的存在感，就与天地融为一体了。所以这就是中国为什么会有"富贵不能淫，贫贱不能移，威武不能屈"这种精神。

赵： 对。

冯： 与天地为一体，不是富贵、贫贱、威武所能屈服的。

赵： 作为人的参照系，根本就不是世俗间的这些东西，就不是为了这些东西去活的。

冯： 所以，中国文化，一开始把人放在这样的一个时空方位当中去思考，是很重要的。我认为，它是一个逻辑起点。这样的话，中国文化一开始就与众不同，一直到朱熹，朱熹被称为理学，是把先秦文化的经典的东西系统化了。这是他的最大的贡献，而且系统化的、最核心的东西其实还是先秦的文化，只不过把它系统化地整理了，围绕着一个核心。其实，先秦文化就像珍珠一样，一颗颗的，到朱熹那里，把它穿起来了，形成一种体系。在这种体系当中，能够系统地感受到传统文化的宏大。到王阳明那儿，又把文化系统性地穿在一起了，穿成又一条项链，你又感受到文化之美。这是他们的贡献。他们是对传统文化［进行了］一个推进，就是系统化，并不是提出了多么新的观点。其实在先秦那里，像你说的，出世即巅峰，一下子就达到巅峰状态了。朱熹和王阳明整理出来，把它们整理成一个体系。

五、文化基因

赵：在读西方文学的过程中，其实中西方文化最根本的［区别］，就在于对人性的认识的不同理解。在读希腊神话、荷马史诗、希腊悲剧的时候看看对人的理解，再去看看同期的中国历史上对人的理解，西方一代一代，权力的更迭，从根本上说，西方文化对人性的认知，主要停留在恶的层次上。所以，如果人性可以那么恶的话，历史就可以无限地向下沉沦。但中国历史上尧舜禹的传说，就像是中国历史上的"白月光"，有了它，此后的历史进程就不一样了。［中国］历史上可以有至暗时刻，但是只要有那个美好的东西在，历史就不会一直向下掉。这跟西方文化是不一样的。

赵：这就是这种文化的起点，或者是认知不一样。

赵：一个民族的神话，就奠定了文化的基因。一个民族的历史，会走出一个什么样的路径，会开出什么样的花，那不就是最初的基因决定的吗？最开始的宙斯和盘古，就是不一样。每年［给学生］讲古希腊这一块儿的时候，再回头去看同期［中国文化］，为什么我很喜欢《诗经》，《荷马史诗》和《诗经》的格局，是完全不一样的。

冯：我还真没系统地读过《荷马史诗》。

赵：所以，在大学学外国文学的时候，我一直在想，古希腊命运悲剧，后来我就在想，为什么希腊人有那么强的命运观？中国的文明跟它不一样，作为一个农耕文明，今年在讲那块儿的时候，我就看《诗经·大雅·生民》，真觉得太了不起了。你看那里面的后稷，他整个从出生、被抛弃，到最后成长的过程，如何成为农业之神。当农耕开始成为中国人最主要的生存方式的时候，那种生命的确定感，是非常强的，可以把握天地万物的规律，天什么样，地什么样，人就是什么样，人才会有天地境界。人的确定感是从哪里来的？其实是天地给你的。可是天地如何去认知它？如果没有农耕文明，根本不可能达到那个层次。作为西方文明，就没有这种确定性和稳定感。

冯：和我说朱熹一样，你走进朱熹了，你就会更多地融入朱熹，你才会理解朱熹。其实文化自信，最根本上的，就是一种思维方式、价值观。

六、中国立场

赵：我给学生讲课的时候，不完全照着教材去讲。每一个文学作品，如果没有中国的视角，没有中国的立场，不是从中国的价值出发［是不能深入理解的］。

冯：而且中国的文化不在于概念，在于践履之实。这可能是中国和西方文化的一个区别。检验的标准不在于背下来、写下来，就会了，就行了，更重要的是怎么做的。

赵："学而时习之"，没有习，学在哪儿？

冯：和你交流，使人有一种充盈而光辉的感觉，能从世俗当中把自己提升起来，忽然间有一种丰盈而盛大的感觉，是一种很奇妙、很美好的感觉。其实就像你为什么要去走这些红色的［圣地一样］，人需要有一个东西，在不断地拉升你、提醒你、警醒你，这样才能够不断地去超越。要不然，人是很容易沉沦于世俗、沉沦于生活、沉沦于平庸、沉沦于琐碎的，甚至是不自知的。在东奔西走、东抓西找中，敉平了相信与平庸，让你忘记了相信的东西。在平庸之中，就会消失于平庸之中。很多时候，需要一种沟通，沟通之后，人才会产生一种向往，才会从浑浑噩噩、一身大粪味儿当中，洗刷出来。中国文化讲的是"清气上升，浊气下降"。这是人应该有的精神之旅，或者是精神上的愉悦和享受，需要过上这样一种生活。

七、蛮幸福的

赵：作为中国人，你蛮幸福的。历史，无论是过去传统意义上的历史，还是我们可歌可泣、荡气回肠的近现代史、革命史，其实都给你提供了太多把你向上提升的一种力量，一种精神力量。

冯：所以经常地去走近它、去感受它。对于像你我这样的或者很多人而言，能够使自己过上一种高尚、充实的生活。而且这种高尚、充实的生活，使你处于一种非常自洽、又很圆满的状态当中。这是一种很多人向往，但又可能达不到的稀缺状态。［这种稀缺状态］就是活出你自己想要的样子。

赵：其实有时候看一些人，遇到一些事情的时候，会觉得过不去、很痛苦。这个时候，我就会觉得自己蛮幸运的。真的，人生如果不曾有那样的世界给你打开、让你看到那些的话，其实生活中的很多琐碎的东西，都会像一块巨石一样，压倒你，就真的起不来。但是庆幸的是，你的世界很大，但是这不是我们去拓宽的，其实是植根于这样的一个历史当中，然后还有幸去走进，了解一段历史。它可以拓宽你精神的空间，让你可以面对生活中的很多挫折、很多不如意。但如果没有这些撑开你的精神空间，可能任何一个小事，都足以让你萦怀、过不去。

冯：所以压倒你的巨石，在你的精神世界打开的时候，一下子变成脚下的一个小石子，踩着它走过去了。这就是精神的一种提升，或者是打开的一个力量。

八、六楼二楼

冯：中西文化的一个很重要的差异，就在于中国的文化，它不仅仅是认知的参与，也不仅仅是经验的参与，更是需要整个生命的参与，你才能够理解经典。而西方的经典往往就是认知的参与，可能生活、情感的参与都很少。

赵：对，它（西方文化）主要就是一个纯粹思辨性的东西。所以它（西方文化）是一个外在于你生命的，可以用你的理性和逻辑去把握它、理解它，懂了，就是懂了。但是《论语》《中庸》，不是可以用逻辑去推的。

冯：对。为什么说不仅仅包括认知、情感，乃至生命参与其中，才能理解它，是因为这些古圣先贤们都是用生命参悟出来的。

赵：对，就是。

冯：就是这样走出来的，就是用生命的体验、生命的感悟、生命的历程，不断地去挑战自我生命的高度、宽度、广度，然后在生命的闪转腾挪的过程当中，他们把握到了。所以，谁不这样走过来，谁都不会觉得这有多高、多好！记诵之学，成就不了自我。

赵：归根究底，中国的学问，其实从根本上，是活出来的，是活出来的学问。

冯：对，中国的学问是活出来的。

赵：就是说中国的学问，可能是一个主观性学问，而西方的学问是客观性的，生命不在其中的。哲学的那些道理、那些思想，其实可以跟你的生命状态不是关联着的，你讲的是这个样子，但你活成的可以不是这个样子的。哲学家的思想和实际的人格可以很分裂，但中国不是这样的。从古希腊的时候就可以看到，中西方文化会呈现出一个根本性的不同。

冯：对，所以王阳明讲知行合一。你要是这样认识的，就一定得这样做，这才是学问，要不然这就不是学问。

赵：你的学问，一定不在你之外；你的学问，一定是活在你身上的。

冯：对。我们今天对学问的理解出现偏差了。

赵：它是西式的学问，我们今天理解的是一种外在于自己的，可以跟自己没有啥关系的、纯客观性的学问。自己讲的有六层楼那么高，实际上你活的是二层楼那么低，谁会信［你］呢？中国的学问不是这样的。

冯：对。

赵：人能弘道，非道弘人。

冯：对。

九、活得漂亮

赵：不是你长得漂亮，是你活得漂亮。

冯：这话，说得太精彩了！

赵：就像孔子那些往圣先贤，孔子不在于他讲了什么，首先他是活出来的状态，才能对弟子形成一种感召力。

冯：对。所以子贡守墓三年。（孔子安葬后，众弟子皆在墓地守丧三年。孔子病危时，子贡未赶回，子贡觉得对不起老师，别人守墓三年离去，他在墓旁再守了三年，一共守了六年。）

赵：对。子贡那样的［优秀］人，能让子贡更服气的人，然后你就可以想见孔子得是什么样的人？（子贡在学问、政绩、理财、经商等方面都表现卓越。）

冯：对。所以从学问的角度来说，这也是中西方一个最大的差别。

赵：对。为什么有的西方哲学家自杀？仔细琢磨，中国的文化，就是很养人的。

冯：其实你进入文化当中去了，或进入学问当中去了，学问反过来，对你的生命是一种……

赵：滋养。

冯：它不是造成你分裂。

赵：对，它是浸润你、滋养你、塑造你的。

冯：对，它（中国文化）塑造了你，但同时，也让你慢慢地实现精神成长，这个是中国学问不一样的地方。其实，孟子所说的，他是希望每一个人都是这样的：盛大而有光辉。

赵：中国文化，从根本上，对人性有着最深沉的、最高度的信念，真正的人文主义就在中国。

冯：它（中国文化）对于生命本身给予了最高贵的尊重，或者是最终极的人文关怀。

赵：人可以像天地日月一样，可以活得顶天立地。为什么要赞天地之化育？人都可以参与到天地化育万物的伟大进程当中去，人是何等的高贵?！人，在中国的文化中，从来都不是卑微渺小的。

冯：域中有四大。天大、道大、地大……

赵：人亦大。

冯：所以在《道德经》中，把人提高到天、地、道的层面，人的尊贵、高贵，生命在天地当中的位置，一下子就变得立体了，变得高大了。

十、先安自己

冯：恰恰在这个意义上，现代以来，学问偏离了传统文化的轨道。这种学问就显得不受到尊崇或推崇了。所以就像你说的，可能讲的是六层楼那么高，但做的就一层楼，或二层楼那么高。

赵：所以谁信你？

冯：说的是。

赵：对吧？所以孔子讲"古之学者为己，今之学者为人"。今天的学问，大多是为人之学，一些读书人，说起经典来头头是道、倒背如流，但是自己活成什么样？经典的魅力，不在于说你能背多少，拿它去当饭吃，而人却猥琐。天天研究苏轼，把自己研究得比市井小民还平庸、猥琐。

冯：像韩愈在《柳子厚墓志铭》中所说的："平居里巷相慕悦，酒食游戏相征逐，诩诩强笑语以相取下，握手出肺肝相示，指天日涕泣，誓生死不相背负，真若可信；一旦临小利害，仅如毛发比，反眼若不相识。落陷穽，不一引手救，反挤之，又下石焉者，皆是也。此宜禽兽夷狄所不忍为，而其人自视以为得计。"

赵：真的。那些人的学问是学问吗？那不就是出去换钱的东西？那就是一个饭碗、[谋生]手段而已，跟卖粥、卖油条、卖[其他]东西的都一样。说实话，还没有人家实实在在的，人家还是手艺。

冯：对，你说得对。

赵：好歹人家是内化的，都是烂熟于心的。

冯：所以，这就是我为什么老是读那些［经典］。这些书还是需要反复地读，总是在不同的字句当中，有不同的切身体验，慢慢地感悟出来的，古圣先贤的这些经典，它是先活出来的、再说出来的学问。所以，可能我们今天反过来啦，是说出来的，但不是活出来的。

赵：对。所以一个思想，有没有生命力，是看有没有人能把这个思想给活出来。活出来了，活生生的，看到有人确实可以活成这样的，自然有人信。

冯：树立成榜样了，别人看到可以活成这样，那就有无数的粉丝了。

赵：对。人活出了经典的美好的样子，经典就美好。但说实话，我为什么反感今天一些所谓的学者，真的太糟蹋经典了，因为［活出来的］那个样子太糟糕了。

冯：对。

赵：孔子说"老者安之，朋友信之，少者怀之"。孔子谈理想的时候，的确把自己活成了大家看到的［理想的］样子，所有人都可以去相信。孔子是所有人的确定性，在那么不确定的世界中，给大家提供了确定性，把自己活成最确定的。有点儿风吹草动，你先抱头鼠窜了，还老者安之，朋友信之，少者怀之。安谁？谁信？得先安自己！

第六章
关于革命文化的对话

一、有福气的

赵：中国革命走过了漫长曲折的过程，后来又经历了社会很多的变化。有些人对于当初的理想会感觉很受伤，会认为那些东西都不真实。那是因为有些人背叛、玷污了理想，你就会去怀疑理想本身。但是有些人就是初衷不改。我总觉得，真正相信的人才是有福气的，因为自己的人生就会有一个根本性的指向。恰是那怀疑不信的人，他才是不幸的。

赵：我天分不高，但是在这个方面我就很庆幸。接触到那些美好的东西之后，我相信了，相信了之后，我就有福了，我就改变了。然后它就可以滋养我的人生，可以塑造我的人格。而恰恰是那些对理想不相信的人才很惨。

冯：我理解。

赵：是吧？

冯：其实像你说的，你只有相信了，就像江姐那样，她即使是面对死亡了，她依然觉得自己很……

赵：幸福。

冯：所以这就是相信的力量，相信使你幸福。如果不是相信，可能就会面临着对一种精神、对一种理想或者对一种向往的背叛。

赵：对。

冯：背叛之后，因为你不相信了，你自己马上就没有那种光了，自然就黯淡下来了。这种黯淡和黑暗会吞噬一个人，这种吞噬将会把一个人拽入一种非常痛苦的深渊当中去，所以可能表面上他依然是快乐的样子，但事实上可能并不真实，因为这种背叛是别人所不知道的、一种精神上的背叛，而这种精神上的背叛是无时无刻不和他在一起的，这种痛苦就是因为你……

赵：背叛的是自己。

冯：对。

赵：你不是背叛一个外在于你的所谓的理想，你背叛的是你自己。

冯：对，所以它会如影随形，而且这种痛苦也会如影随形。

二、去靖宇县

赵：我自己想去趟吉林靖宇县。

冯：去靖宇县？你要去看看吗？

赵：对，我想去看一看杨靖宇的纪念馆，还有他牺牲的地方。

冯：他牺牲的地方在那儿？

赵：我看了一下，好像不是，是在那儿被捕的。主要那地方有点儿偏，其他人都是自驾去的，我去就有点儿麻烦。我挺想去他牺牲的地方看一看。我觉得赵尚志也好，杨靖宇也好，还有赵一曼。2011年前后，我去过赵一曼纪念馆，她牺牲的地方。但是杨靖宇的纪念馆，我就没有［去过］。前些天，正好看到一些关于杨靖宇的整个战斗和牺牲的过程，我就真的很想去。

冯：你自己去？

赵：对。

冯：你也去井冈山，井冈山哪年去的？

赵：那个时候井冈山是带学生去，参加社会实践，带好多人。井冈山，我去过好多次，现在也想去，但是，假期去井冈山的话，行程就会比较长。如果去这边［靖宇县］的话，同样也是一个红色的［地方］，但是，行程相对会短一些。

冯：对，到吉林那边，稍微凉爽一些。

赵：今年一直想去。但是，现在不像年轻的时候，抬腿就走，想上哪儿，就上哪儿去。现在老人就成了一个牵挂。放假了，就不能随便走了。

赵：去靖宇县，我没有去查旅游攻略。觉得有的时候，人在一个环境里待久了，就希望出去汲取一些东西，［出去看到的东西］跟在文字上看到的、视频里看到的毕竟是不一样的。到那个地方，就在那里的时候，还是能够给你一些不一样的感受。

冯：身临其境的、真实的感受。

赵：对。我记得很清楚，去山西文水县刘胡兰牺牲的地方，到那里有一瞬间的时空穿梭的感觉，像是回到了历史的现场，确实很震撼。

冯：你去过很多地方了，都是红色的。

赵：对，都是那些年走的。

冯：从哪年开始？

赵：从 2007 年以后，最开始陪着父母去延安、去井冈山，后来去北京，之后开始参加组织社会实践，自己带学生进行社会实践。那个时候，韶山、长沙、一师（湖南第一师范学院）、橘子洲、井冈山、瑞金，都是红色［圣地］。我觉得那不是景点，这些圣地基本上都走了很多遍，包括延安，我觉得每次去，都有不一样的感受。后来，在2017年、2018年的时候，也重走来着。包括后来去绍兴的时候，给我印象很深，特别触动我的是秋瑾的故居。在秋瑾故居的时候，一下子会有回到当时的那种感觉。你就想象秋瑾在那里面，跟她的那些革命同志在那筹划起义、革命。秋瑾，我一直特别喜欢，也很喜欢她的诗。你看，一个女性，她那个诗，写得特别大气。当时，去看张承志写的《鲁迅路口》，就知道他们两家特别近。我去鲁迅故居的时候，因为人太多了，真的是人山人海。夏天，8月份的时候，没有太多感觉。但是，去秋瑾故居的时候，我们就两个人，在快闭馆的时候去的，可以静静地在那里面去体会，可以跟她去交流。那种感觉特别难忘。

冯：你确实是去了很多红色的、革命的地方，都有你的足迹，而且不只一次。

赵：对，而且总想回去。因为你不是去旅游，不是去猎奇，如果是猎奇的话，去过一次就不想再去了，但是我总是想回去。

冯：可能也是你去的时候，或者你回来的时候，它已经成为你生活、工作的很重要的一部分。

赵：对，你凭什么去克服、战胜很多日常的琐碎和平庸？这些对每个人来说，都很重要。我觉得这些经历和体验，确实给了我很多无形的力量和支撑。

冯：超越日常，超越平庸，超越名利。

赵：人，就是可以活得很顶天立地。其实也恰恰是他们让你觉得可以顶天立地地活着。可以让你觉得，在你的日常生活当中，形成一种超越性的存在，或者构成一种超越性的自我。一个个体，哪来的那种力量？可能恰恰是这些历史、这些人物，他们浩然长存的穿越时空的一种精神上的力量，会灌注出来，成为你的一种精神力量和精神支柱，使你和他们构成一种历史的、跨越时空的交汇融通，与他们融为一体。所以在这个意义上，不是他们牺牲，而是他们以牺牲的方式变成了一种永在、永恒。所以牺牲了不是结束，而是开始了。他们与历史同在、与你同在了。

冯：对。你觉得，你的血脉里面流淌的都是他们的那些东西，确实就可以离他们很近。但是，如果说你真的也一样地被很多世俗的东西牵绊着脱离不开的时候，你可能就离他们很远。

三、心路历程

赵：你说得对，眼睛看到了很多东西，就忘了心之所向。或者是被迷惑了，就忘了你的心路历程，就忘了自己往哪里走了。

冯：来时路。

赵：对，所以世界上最长的又是最短的是心路。在这个意义上，就会使自己变得一种难得的人间清醒，然后过上一种自己坚定而又义无反顾的生活。而且我"固穷"，但可以很自洽、很自信。单凭我们一个个体，哪有那种力量去超越世俗、各种纷纷扰扰的东西，是没有力量的。我觉得，这些年来比较幸运，就像之前提到的北京之行的那些老师，从他们每一个人的身上会汲取到很多东西，但是师傅领进门，后面怎么走？我觉得我还算幸运，他给我指了这个门之后，就像《桃花源记》，你进去看到有光，再往里面走的时候，可能看到屋舍俨然，看到的就是那么美的一个景象。但是你需要有那样的向往、渴望，并愿意往里面走。我觉得挺幸运的是，遇到了那些老师，后面自己也愿意往里面去走，也实实在在地感受到了那样的一种幸福。其实人真的去超越了那些东西之后，也不是放下，就是觉得你也在执着。我是很执着的人，高考的时候，那么害怕考不好，其实真的会很患得患失的。你觉得你就应该是什么样的，然后那些东西你会特别在意。我觉得，我挺幸运的。可能在世俗的标准下，你可能挺失败，你就是什么都没有。但是在我自己的心里，我可能觉得，我什么都有，我自己想要的世界，我想要的生活［都有］。当然，我希望的不只是这样，我希望能对这个社会有更大的价值，能发挥更大的作用，能做更多的事情。我会有一种内心向往、一个使命、一个召唤，一直都有。但是，当下如果没有那样的一个条件，也无所谓。你就先做好你自己，至少先活得舒坦，活得明白，别天天活得不像个人样的。其实有时候，人就是很急着去做事，但是，实际上自己也没咋活明白，改造自我本身，就是一个漫长的过程。

四、星星之火

冯："德不孤，必有邻"，一定会有和你一样的人。可能社会的改变都是由一个又一个你这样的人，构成一种进步和改变的。

赵：对，有时候面对现实，难免会悲观，看到很多事情，觉得挺无力的。我为什么想去看看杨靖宇？当时东北抗联的情况，他的副手叛变了、投敌了，并带着日军来围剿他。他从小养到大的养子，背叛他、出卖他，也带着日军来围剿他。接下来，身边的三个人都背叛了，就剩下他一个人了，他还在坚持战斗。再以后，在冰天雪地里面，棉鞋跑丢一只，身上、脚上、面部、手上，到处都是冻疮。后来，遇到老乡了，跟老乡说，求你去给我买一双鞋、给我买一点吃的，你不要告诉日本人。结果老乡就把他出卖了。老乡还来劝降，说日本人不杀投降的人。最后，他跟老乡说，我们中国人都投降了，那还能有中国吗？这个老乡，在 1950 年土改的时候被枪毙。这个老乡说，我当时看他就一个人了，我就劝他说抗什么日，你就一个人了，抗日能成功吗？但是真的特别震撼，我就觉得，就到最后的时候，就剩你一个人了，杨靖宇他还是不放弃。那是一种什么样的力量？所有背叛他、出卖他、围剿他的，都是中国人。但，中国依然不会亡，是因为极少数人、极少数的精英，只要他们不沉沦、不放弃，只要他们心中有理想，那就有希望。毛主席说，星星之火，可以燎原。1930 年 1 月，毛主席说"星星之火，可以燎原"的时候，他就是少数，对吧？你面对敌军围困，几个人能有那么坚定的信念？

冯：他的智慧足够。一个人的智慧足够大、信念足够坚定的时候，才能看到未来。如果智慧不足够大，他看不到未来，看不到……

赵：大海中扬着桅杆的航船。如果智慧不足，那能看到吗？国防大学的金一南有句话："多数人是因为看见而相信，少数人是因为相信而看见。"毛主席就是因为相信，所以看见。所以，还是得去看一看，我觉得看完之后，可能还是跟你［读书］不一样，可能看完之后，感觉跟现在又不一样了。虽然平常不走出去，可能会通过读书［来获取智慧］，在日常中，也会汲取很多的精神的养分，但还是想走出去，那是另外一种力量。

五、胜似春光

冯：这段时间，我在听毛主席的诗词，每天早上要听一段时间。因为有一天，忽然看到一个短视频，他解释毛主席的诗词，我忽然间觉得，好像很长时间没看，没读了。然后，我就找了一些专门诵读他的诗词的，从20世纪20年代开始，确实是有一些新的感受。随着他参与革命的过程，每个阶段，他所表达的东西，可以看出他的起伏的过程。

赵：对。要不《诗人毛泽东》里说，他一生奋斗，所以一生有诗。他是用生命写的诗，所以他在不同的人生阶段，写出来的诗，可以看到他自己的思想、格局和境界。

冯：对。但是，始终如一的是他的格局。这是学不来的，也模仿不来的。那个气魄，那个格局，一看就知道是他的诗词。

赵：对。读他的诗词，你什么时候读到过"难"字？

冯：顶多就是"小小寰球，有几个苍蝇碰壁。嗡嗡叫，几声凄厉，几声抽泣"。

赵：什么时候看见过他［的诗词］说我愁。

冯：即使在被解职的时候，还是"谁持彩练当空舞"的［乐观］，还是"战士指看南粤，更加郁郁葱葱"。

赵：真是！我最喜欢的是"人生易老天难老，岁岁重阳。今又重阳，战地黄花分外香。一年一度秋风劲，不似春光。胜似春光，寥廓江天万里霜"。

冯：那时候他很难。

赵：正生病，被打击，被排挤，人家在秋色里，能看出来"不似春光，胜似春光"，而我们在春光里，都能看出秋天的萧瑟和落寞。

冯：对。所以我体会了一下，可能像他，越是艰难的时候，越有乐观主义的精神，而且他是真的乐观，其实是一种他对认知的坚定信念。

赵：对。我觉得乐观是他的生命底色，人家最那啥（困难）的时候，那个东西能够显现出来。

冯：就是底层逻辑搭建得好，内核稳定。

赵：而且他自己也说，在长征的途中，一个劲儿写诗，可是等到了陕北，安全了，没有敌人的围追堵截了，他就觉得没有诗兴了。

冯：说的是，他最好的［诗］还是在遭受打击，长征过程当中。比如"把汝裁为三截？一截遗欧，一截赠美，一截还东国"，此刻，他的生命都危在旦夕。

赵：这个时候，还要"太平世界，环球同此凉热"呢。

六、大本大源

冯：任何时候读他（毛主席）的东西，［都会发现］他不是写出来的，不是想出来的，就是他的一种生命表达，包括《七律·到韶山》中"为有牺牲多壮志"。

赵："敢教日月换新天。"

冯：还有《水调歌头·重上井冈山》。

赵：古代也有那么多豪放的诗人，但是去对比一下，真的不是一样的格局。

冯：那是。那种气度，而且我在读他诗的时候，我想，很多人一生有一首诗，就很了不起了，而他写了这么多首诗；不但写了这么多首诗，而且还能打仗。

赵：对，他的厉害，就在于他怎么那么全面呢？

冯：打仗，天天指挥，还写诗。而且其实根本上，他是个政治家。军事、政治、文学，确实天纵英才。

赵：反正很难再出现他那样的人物。有才的人，也有，但是人格能够像他那样的，上哪儿找去？我认为，他的人格跟他的才情，也是相得益彰的，是统一的。

冯：这就是他的人格高尚了，才情才能充分展露出来。

冯：就像《中庸》所说的"至诚"，才能把他这种才情发挥出来，就达到了一定高度的境界。［他］从来不是以凡人的视角，来看待这个世界。

赵：毛主席的胸襟、格局，就像我说的，毛主席关心的是"8000米高空"以上的东西。

冯：但是很奇特的地方，就是他即使看8000米以上，也能脚踏实地。浪漫主义、理想主义，但他也是现实主义。

赵：越是浪漫主义，就越是现实主义。因为，他有那个理想，所以更加地脚踏实地，才可能去奔着理想去，是真正的理想主义。

赵：不是真正的理想主义［者］，口号，喊得比谁都响；激进的时候，比谁都激进；一变化的时候，比谁都世俗。理想主义哪有那么容易？你说你是理想主义者，但来一点挫折和压力的时候，就扛不住了。［这种人］接受不了现实中的挫折和困难，以为理想都是一蹴而就的，一旦理想遭遇挫折，马上放弃理想。

冯：其实根本上，还是信念、信仰的问题。

赵：毛主席读书的时代，是大本大源的问题，人家是思考过的，［思考过］人生的意义、人生的本质，这些东西没有想清楚的话，容易叛变，身份地位一变，［心］就容易跟着变。

赵：所以说，有的人跟他都不是在一个境界。从出发的时候，人家心就是干净的，就是纯粹的。而有的人出发的时候，是干革命的，但是从一开始，就带了太多的功利和妥协。他（毛主席）就是不一样，所以他要干的那些事情，就可能不被人理解。怎么可能轻易懂他呢？"久有凌云志，重上井冈山。"自我革命，是多么地不容易！

冯：你越是读他的时候，越发现他的才情、境界，是不可思议的，真是天纵英才。

七、大我小我

赵：而且尤为难得的是，毛泽东时代创造的新文化，对于人的主体性的激发，那是"六亿神州尽舜尧"。普通的老百姓，在那个时代所感受出来的尊严感、价值感，跟那种宏大的事业［结合在一起］，你不是一个草民，不是平民，然后对青年人，他说："你们是早晨八九点钟的太阳。"

赵：他对所有的人性中，最深沉、最根本的美好的东西的信任，而且充分地去激发、调动整个时代，进而所形成一个时代的新文化，然后召唤出一个新的历史主体。那种主人翁的意识。每一个普通人，跟国家、民族甚至是跟世界都是息息相关的，每个人都是改造世界的、历史进程中的一分子。那一个人，我觉得，真的非常了不起，让一个人的生命，一下子就永恒了。人不会有像今天的彷徨、漂泊、孤独，因为个体纳入整体的、宏大的历史进程当中去了。

赵：前年，我回到家，在一个小县城，到烈士陵园去，就看见纪念碑，那是一九五几年的时候建的烈士陵园，上面写着"为解放全人类而奋斗"，我当时看得热泪盈眶，就觉得何等的气魄。当时我还拍了照，因为以前我做过很多的社会调研，很有幸我跟一些当年的全国劳模［有机会见面］，比如当时河南开封八十几岁的老劳模，他讲话的时候，你就知道什么叫掷地有声。他当时讲，那个时候的工作是国家给我们解决了，作为工厂中的一员，吃的住的都有单位、集体［负责〕，剩下的时间，就是建设社会主义，使不完的干劲。

冯：把"小我"和"大我"联系在一起，而且作为一个"小我"，和一个无限的"大我"联系在一起的时候，会有无上的、无限的力量感。

赵：对。力量感！而且你会有一种尊严感、价值感，个体可以是很了不起的！但是现在的人，可能缺少的，就是那种感觉。即使身居多高的位置，多么有权力，那种尊严感不是由内生的。权力，真的会给你尊严感吗？

冯：所以当权力和"小我"联系在一起的时候，就产生了恶，和"大我"联系在一起的时候，他才至善。

赵：对，〔一般人会〕以为，权力欲望有多强。所以真的是心底无私，才可以去〔争权〕，我不用在意他人怎么〔看〕，你觉得我争权力我就争了。要不然说"千秋功罪，谁人曾与评说"。就是因为，我不是为自己，我是为大历史，不能计较个人的名利、得失、荣辱。

八、红色丝带

冯：毛主席的诗词，〔我〕觉得可以用一幅画把它形容出来，就是在天地之间，苍山阵阵，下面是长城，有一个横着的红色丝带，是飘着的，红色的丝带飞扬。这幅画下面可以注上一个注脚，就是毛主席诗词。这是我听毛泽东诗词的时候，突然感觉到的一个画面。诗词当中有天地境界："可上九天揽月，可下五洋捉鳖""问苍茫大地，谁主沉浮？"这种胸怀和气魄，能吞吐天地的境界。胸怀能囊括四海，囊括宇宙。"安得倚天抽宝剑，把汝裁为三截"，这就是天地境界、天地的胸怀。毛泽东〔成功〕最大的原因就是他这种胸怀，那是与生俱来的，学不来，也超越不了的。所以，历史为什么选择了毛泽东？不选择毛泽东的话，就不能够"敢教日月换新天"。

赵：是的，谁能像他那样，"红军不怕远征难，万水千山只等闲"。

冯：对，所以对任何的困难险阻，"乱云飞渡仍从容"，"早已森严壁垒，更加众志成城"。所以只有他才有天地的境界，吞吐八荒的气魄。任何困难，都是"小小寰球，有几个苍蝇碰壁"。这种境界的话，那是其他人所比拟不了的，所以这是他天生的气魄和精神。

赵：压抑不住兴奋和激动了。

冯：为什么有一个飘扬的红色丝带？其实，在他的诗词当中，红色一直是主旋律，"红旗漫卷西风"。红色，在他的诗词当中，出现过很多次。

赵：是贯穿始终的，说是他的情结也好，他一生的追求也好。

冯：对。而且这种红色，一方面代表乐观、激情……

赵：蓬勃。

冯：蓬勃向上的精神，另一方面也代表了牺牲精神、流血精神。不怕死，不怕牺牲，"唯有牺牲多壮志"。这种红色，一方面代表不怕牺牲的精神，另一方面也代表乐观、蓬勃、向上的精神。为什么是飘扬的？是因为他的诗词当中，永远有一种极大的浪漫主义。丝带一定是飘着的，才有一种浪漫的感觉。

赵：心有所感。

冯：对。因为书读百遍，其义自见，刚开始去听，只是觉得好，能感受到那种气象，但是不那么具象，没有那么深刻的、具象的东西，呈现在面前。听他的《七律·到韶山》《水调歌头·重上井冈山》《沁园春·雪》，脑海中忽然立体地闪现出一个画面，具象了。

九、实践哲学

赵：尼克松说："在毛主席面前，我就像一个犯了错的小学生，我不敢说半句假话。"

冯：他的警卫说："很多外国政要，站在毛主席面前，就发抖，不知道什么原因。"这些海外的政要，在毛主席面前非常恭敬。

赵：在书房里接见你，而且是见你之前，事先不通知你。

冯：而且尼克松备完课来的，知道毛泽东喜欢哲学，所以读了一个月的哲学书，要跟毛泽东讨论哲学的。结果毛泽东说，不讨论哲学，我们谈美国历史。

赵：毛主席的哲学，是从革命的实践中，斗争出来的哲学。做功课、做准备，是书本里的哲学。

冯：可能是身外之学。

赵：当然了。那是两回事。

冯：毛泽东的哲学是生命哲学、实践哲学。其他人跟他谈的哲学，是身外之学，没入脑、没入行，不是在行动当中、出生入死当中、实践当中锻造出来的哲学，那是谈不了哲学的。

赵：戴高乐一生最大的遗憾，就是没见着他。

冯：不常读、不去深刻地感悟，是感受不到这种宏大的气象的。这种气象，只能说它好。但这种好的背后，其实他的诗词，才是他的某一个方面。文学的创作，只是他的某一个方面。因为天天要打仗，作为军事战略家，旦夕祸福。

赵：你看，"安得倚天抽宝剑，把汝裁为三截"，都不知道啥时候就为革命牺牲了，还操心人类的事儿、世界的事儿。

冯：尤其是在被围追堵截，几万红军战士，最后就剩几千人的情况下，整个革命的前途未卜，个人命运前途未卜，整个红军的前途命运未卜，还"安得倚天抽宝剑"，这种精神气魄，不是一般人所能具有的。

赵：读他［的诗］确实是很好，是因为他的诗，单纯去读一首，其实不可能读出来这种感觉。他的诗是一个整体，跟他完整人生经历、他的人格是一个整体。尤其是了解每一首诗，是在一个什么样的背景下，处在一个什么样的情境下创作的，才能去感受他的伟大。

冯：对。

赵：《卜算子·咏梅》，读历史上那么多［描写］梅花的［诗］，再读他的梅花，一读他的梅花，脑子里面的画面，都会特别清晰，而且"已是悬崖百丈冰，犹有花枝俏"，那字用的，"悬崖百丈冰"，还能"俏"。

冯：自古咏梅基本上就是表达一种……

赵：品格，凄清。

冯：落寞。所以，他为什么要特别用上一句："反其意而用之"，这就是他超越古人的地方。

赵：是。但是永远读不到那种凄清、落寞、无助、无力的感觉，你会在他的诗里找到豪迈、昂扬，没有愁，"红军不怕远征难，万水千山只等闲。五岭逶迤腾细浪，乌蒙磅礴走泥丸"。

冯：所以你刚才说得对，就是要从他的整个的生命状态、生命历程、人生经历来看待，还要结合当时的整个历史环境、他的经历、他的遭遇［来看待］。

赵：如果说顺境，写个《卜算子·咏梅》，那不算啥。可是写这首诗的时候，多险恶的国际背景！写下的梅花，骨气、胸怀、境界一下子就出来了。[历史上写的]梅花达不到那个境界,多是孤傲、清高、冰清玉洁。

冯:"凌寒独自开""为有暗香来"。一般人在艰难困苦当中,[会有]一种忧郁情绪的表达。

赵:而且能够达到孤傲、凌寒独自开,都已经很了不起了。

赵:[毛主席]诗歌之所以写得那么磅礴大气,是因为[境界]在。一生的革命事业,都体现在那里了。所以毛主席这样的人,在不管你遇到什么样的困境,什么样的挫折,真的了解他、读他的诗的时候,那是一个无尽的精神……

冯:源泉。

赵:在他(毛主席)面前,你就知道,那都不叫个事儿。

十、历史主体

冯:人是应该有点气象的,应该有点境界。人的这种气象,应该是有一点天地气象,有一点天地境界。我觉得在这个意义上,人才能够活得自我挺立,就挺立于天地间。人才能够变成一个大写的人,又或者说,才能变成大丈夫,变成女豪杰,像秋瑾那样。这种自我挺立的时候,是一种精神的挺立。在这种精神挺立的时候,可能人生的任何艰难困苦,都不足[为虑]。

赵:他(毛主席)真是把人的主体性发挥到极致。

冯:就像你之前说的,他把人的主体性发挥到极致了,所以他才能带领一个民族,把人民的历史主体性[发挥出来],让人民参与到历史当中来,成为一个历史的主人。

赵:人都可以顶天立地。他的那种天地精神,要让一个民族里再卑微、再平凡、再普通的人,都可以活得如此的顶天立地,都可以把你的生命跟一个宏大的事业、宏大的历史连接起来。真是了不起。

冯:就是由内向外地焕发出来的参与感,向上的精神,"为有牺牲多壮志,敢叫日月换新天"的昂扬的乐观主义精神,而且是由内向外焕发出来。所以那个时代的人民,在一种艰难困苦的环境下,历史的主体性,将个体与宏大的历史结合起来的时候,或者是参与其中的时候,精神面貌一下子就被激发出来了。所以像邓小平说的,没有毛主席,就没有新中国,这不是夸张;没有毛主席,就没有共产党,这也丝毫不是夸张。

第七章
关于智能时代的对话

一、人文知识

冯：教育，从知识的角度来说，自然科学知识指向解决人类生存问题的真需要。但是，教育这种人文社会科学知识，是指向人的生命成长，指向人的价值建构、意义建构和自我建构，指向每一个人如何能够是一个人的去活着。但是恰恰在今天的教育领域，人文社会科学知识，在一定程度上，沦落为和自然科学知识一样的命运了，变成一种征服世界、解决生存问题的工具了。

赵：你刚才说的这些，其实就是人文学科最后工具化，这是最危险的。

冯：对。一旦人文社会科学知识走向交换、工具化以后，它就遮蔽了人本身，使人站立于知识之外，人与人之间由知识垒起一道不可逾越的墙。人与人之间不可沟通，人与人的精神世界不可彼此通达，我觉得这恰恰是在教育当中人文社会科学知识被贬低、被自然科学知识所驯服的一个［状态］。但，这不是它的命运。人文社会科学知识的命运，就是让每一个认识它、接触它、走进它的人，成为人本身。这是人文社会科学知识的天然使命。但是，目前人文社会科学知识，丢掉了它的天命，失去了它的天命，臣服于自然科学知识的命运安排，所以，人文社会科学知识失去了自我、失去了天性。为什么会失去？一方面，由于18世纪以来自然科学知识的高歌猛进，人类解决自身生存问题的迫切；另一方面，可能是现在人文学科的衰落，由于信息社会以来的人工智能的出现，进一步导致人文社会科学知识的衰落。因为现在的世界范围内，大学领域的人文社会科学学院几乎都被整合，让位于自然科学和AI了。但是自然科学知识无论创造到什么年代，有多么科学、先进和发达，有一些人类最基本的问题是永远解决不了的。解决这些问题的，恰恰就在于人文社会科学知识，[只有它们]才能解决人类的终极关怀。什么是人？人为什么要活着？当去解决这些问题的时候，人文社会科学知识的传承者、光大者，就是高校的，或者是教育领域的老师[作为主体]。人文社会科学知识的拯救，或者是人文社会科学知识复归它的天命、回到它的天性当中来，它的主体也恰恰是这些知识的生产者、创造者、传播者和从事这一领域的教师。

赵：关键的是，他首先要知道，人的根本是什么，如果他都蝇营狗苟的，怎么能知道这些，对于他自身来说，外在于他的知识，不是跟他的真实生命融合在一起的，他又怎么去完成[这种使命]？

冯：首先他本身可能就是这个样子的。另外，他在这个程度上接受的教育就是这个样子。所以你无论如何跟他说，都未必对他具有启蒙意义。但是我觉得这并不因此而意味着人文社会科学知识会沦落下去。

赵：它（人文社会科学知识）永远不会沦落，只是在当下会受到冲击，但人终究要解决人怎么活的问题。

冯：对，这个是它与生俱来的。

赵：因为自然科学知识解决不了人生命的困惑，人现在活得如此疲惫、焦虑。这种状况，肯定是遭遇到了这样的困境，最终肯定要去解决这个问题，人文学科就不可能啥（沦落）。

冯：它可能也只是一个历史的阶段。因为中国的文化历经几千年了，不曾断绝。哪怕有最微弱的历史的光芒，它依然有。

二、文化困境

赵：我们今天的困境，恰恰是西方现代文化所带来的问题。

冯：西方的现代文化，或者是后现代文化，它要解决的一个困境和问题，就是人何以为人的问题。其实回到人的根本性上来，就是西方的学者舍勒所说的，现代社会所要解决的根本的问题，还是人何以为人的问题、人根本是什么的问题，也恰恰在这个意义上，这是一个永恒的话题。之所以它是个永恒的话题，中国几千年的文化之所以绵延不绝，其实始终是在思考这个问题、回答这个问题，所以中国几千年的文化不曾断绝。

赵：为啥世界其他的文明都中断了，只有中国的文化能够五千年绵延下来，当然有它自己根本原因所在。

冯：这个根本原因，就在于中国文化它从一开始诞生，到今天为止，它一直都是关乎何以为人、什么是人，所以中国文化才这么绵绵不绝。在这个意义上，只要有人、有人类，文化就会存在，因为它关乎的是每一个人的生命的样态、状态、生命的鲜活。

赵：西方的文化也在源头处，去思考什么是人，但是对人的界定不一样。在世界各国的文化中，可能只有中国的文化里，人是可以去比参天地的，把人放在跟天地一样的高度，然后谈人应该怎么去活，人生来就是要像天的那个样子、要自强不息，要像地的那个样子、要厚德载物。希腊的神话、《荷马史诗》，那是这个样子的吗？跟中国对人的思考和定义［不一样］，［西方文化］也思考人是什么，但是那个人不是顶天立地的人。中国不一样，因为它是刻写在文明的基因里的，真的基因就是不一样。再看看中国同期的，那根本不是一个层面上的东西。

冯：每个人，都可以参天地而化育之。

赵："天命之谓性，率性之谓道，修道之谓教。"中国核心的经典里面上来都是［人和天地］，包括参天地之化育。人在天地之中，在包括人类在内的所有生命当中，从来都不是渺小的、卑微的，从来都不是在这个世界上就是无所作为的，所以现在人要怎么去走出这个困境？其实只有中华文化能够让人类走出当下丛林的困境。

冯：就是文化基因可能决定了它的……

赵：它的生存方式，它的发展路径，它的文化环境。

冯：文化脉络。

赵：对。种子就是那样的，到后来开出来的花，结出来的果，就只能是那个样子的。

冯：所以它（西方文化）缺少顶天立地的宏大气象，缺少可以与日月同辉的、光芒万丈的生命气象，导致一种焦灼的、失败者的状态。因为在竞争当中，没有谁是胜利者。而中国的文化，恰恰是使每一个人都成为幸福的样子。他不是胜利者，而是一个幸福的生命的状态。他不是说和谁比，而成为一个胜利者。

赵：人生的幸福，不是建立在对他者的征服和掠夺上，中国文化的幸福感不在那个。所以为什么古希腊有那么深的生命不确定感，为什么会有命运悲剧，总有一个外在于自己的、强大的异己的力量在操纵自己，并且不可摆脱。

冯：中国文化的确定性，就在于它始终是内在于自我的成长过程当中，或者像朱熹所说的"把心田的草，逐一的拔去"。这样，就是有一种确定性。

冯：每天都在做，每天都在自我成长。这是确定的。我向着我的样子，向着我能够挺立于天地之间的样子，去自我成长。这是确定的。这种确定，就会有一种坚定性，有一种自我成就感，有一种自我意义感、自我价值感。而这种自我意义感和自我价值感，是中国人在传统文化当中，在《大学》当中提出的"修身"，就是把每一个个体的生命放在"修"上，自我不断修整、修炼，形成自我的内在的成长，这种"修"放在时间当中，保持个体的不断成长、成人。所以这是生命本身的意义，就是时间的意义，因为生命，是在实践当中不断地完善和成长，生命不是在杀伐中、斗争中、战争中去成就它自己的，是在它自我的不断地完善、不断地以时间来成就自我的过程当中，逐渐成为一个人的样子。这是《大学》中提出的格物、致知、修身。你才能够慢慢地明白，像《大学》当中所说"至于用力之久，而一旦豁然贯通焉，则众物之表里精粗无不到，而吾心之全体大用无不明矣"。就会有一种与天地同在、挺立于天地之间的感觉。

三、苏轼李白

赵：前段时间，我上课的时候，学生面临找工作的问题。进入11、12月，有大量的招聘会，就看着学生是如此的焦虑，情绪就处在一触即发，好像一点点事情都能压垮他们。有一天上课的时候，我就跟他们分享了一点儿自己过去的高考的经历，并给他们讲一点人生的道理。我发现，坐在下面的学生［很多］哭的。我当时就在想，他们从小学到大学，一路走来，学那么多的东西，学苏轼，学李白，学到哪里去了？鲁迅先生曾说，文艺是指引国民精神的前途的灯火。也就是说，文学艺术对人的精神世界是有着强大的引领和塑造作用的。可是很遗憾，从当下一些学生的生命状态来看，只能说明他们虽然学了无数门所谓的"文学"课程，却根本没有触摸和领略到文学的精髓，也根本没有受到文学原本该有的引领和影响。学生学的关于屈原、李白、杜甫、苏轼所有的知识，在考试考完了之后，对他没有太多的影响，学生所学的这一切，没有参与他人格的滋养，没有去塑造他的精神世界，最后其实他可能什么都没学。因为他背完了之后，考完试就全都没了。

冯：一个是学了皮毛；另外一个学了交换，和社会交换的资本。

赵：对。我一直说，知识是纯客观的，是外在于生命的。老师也是一样的，对这个学科有热爱吗？就像有一天学生突然间跑我办公室说："老师，我的大学四年，上那么多的课，都没把我给'掰'过来，结果我上了半年外国文学课，开始懂得爱国啦。"其实，无论是中学老师也好，大学老师也罢，如果老师对自己教的东西都不热爱、都不相信，那些东西都没有参与到自己人格的塑造当中去，那凭什么打动学生？

冯：老师没活成学生眼中光亮的样子。这些老师没有真正地走进苏轼、走进李白，哪怕是研究苏轼和李白这方面的专家，也未必走进他们真正的生命样态，只是远观。

赵：[研究]苏轼，如果都是谋生的工具，能讲出来苏轼有多好？

冯：苏轼的诗、词和文，不是写出来的，是那么做了，有感悟了。

赵：真的，一辈子都活成那个样子。越贬，越是光耀了一生，在黄州、在惠州、在儋州，那是什么样的生命状态？

冯：对。所以其实很多读苏轼、研究苏轼［的学者］、老师，只是看到了苏轼的字和文，但是没有看到苏轼这个人。没有从文看到人，没有看到苏轼的生命状态，没有看到苏轼是活成这个样子的，然后才有他的文，才有他的字，我们才能够通过这些文和字，不是走进他的文字，不是去著书，是走进苏轼的这种生命的状态，他的心灵的世界，他的像人一样的，这种活泼泼的生命的光芒。

赵：老师如果真的思考过生命意义的问题，本身会被苏轼打动。但是那些搞苏轼研究的人，我相信，有些没有被苏轼的人格所打动过，也绝对没有真正地向往过苏轼的生命状态。要真有向往，要真有打动，就一定会打动别人。所以，如果对屈原、对苏轼要是有这份打动和感动，他的课一定不一样。没有真正地走进过他们的精神世界，没有从心底里去触动他，怎么能够把这种东西呈现出来？他自己没变过，压根没因为他们而发生哪怕丁点儿的改变，你如何在课堂上让学生去感觉到苏轼的好？

冯：苏轼隔着千里之外、跨越千年，走到他面前的时候，其实他并不认识苏轼。没有一种心灵上的对话，没有一种心灵上的、人性上的、人的精神世界的通达和一种对话。通过他的文字，没有形成一种生命的对话、人性的对话。所以在绝大多数人读到文字的时候，就变成了一堵墙、一个终点，不能用文字，通达到苏轼的精神世界和生命样态。

赵：苏轼的文字后面，是有具象化的人生去承载的，去依托的。

冯：苏轼的作品，其实它的基础，是做人的基础、生活基础，生活就是这样的，人就是这样的，然后在这个基础上，长出了文字。

赵：人家写"回首向来萧瑟处，也无风雨也无晴"的时候，那人是真的那样的。

冯：他没有感悟到"也无风雨也无晴"了。唯有这样做了，才能这样感悟了；这样感悟，才这样说出来。这些知识，学习的时候，自我颠倒了。换句话说，他承受这些人文社会知识的教育的时候，也被颠倒了，然后他再去接受、再去讲授、再去面对学生的时候，同样颠倒了。所以没有见到庐山真面目，那么他给学生指的庐山，也就是这个样子。所以他看到什么庐山，他给学生说："看，这就是庐山。"

赵：摸到的是大象的鼻子，所以他给学生讲出来的，还不是完整的，是鼻子的一截，说："这就是大象。"

四、反噬人类

冯：所以恰恰是在今天从事人文社会科学知识教育的老师，面临着一个文化危机，也是自我的生命危机。其实在一定程度上，也是一代又一代人的生命成长的危机。在更大的意义上，是国家的危机，或者说随着ChatGPT的兴起，是人类的精神危机。从这个意义上来说，从事人文社会科学知识研究的、教育的这些人的使命和国家担当、人类担当，恰恰在这。换句话说，人文社会科学知识如果不回到它的天性中来，不回到人的根本上来，不回到对自我生命的观照、自我生命的成长上来，那可能未来一代又一代的人，国家未来的前途，或者说整个人类所面临的前途和命运，到一定时候都会以另外一种方式反馈给人类，或者回复给人类，或者从更严重的意义上来说，都会反噬、报复人类。

冯：你是人，但是你慢慢地不像人了，就会反噬。到底因为啥？因为文化有它的脉络，有它的历史进程，有它不可阻挡的历史的趋势和规律。这种规律就是天道，道是不可违反的，"人可弘道，道不可弘人"，所以人不去弘道，那么到最后，人就一定会被反噬，甚至会被吞没。所以，这就是文化本身，道是不可违抗的，到一定时候会反过来反噬、报复人类。当人们生龙活虎的、光鲜亮丽的去追逐于当下的一些东西的时候，仍然沉浸于它（ChatGPT）的应用的时候，在一定程度上，可能忘记了在未来，人类会面临的一个更大困惑，或者是灾难，或者是人类不得不回答的一个问题，就是人类未来的命运、人类未来的走向、人类在未来会如何的一个问题。这就是 ChatGPT 出来之后，人文社会科学或者全世界的文科学院式微之后，需要急切地回答，或者是面对的一个问题，或者是一个危机。

赵：［这些危机］一直都在，只不过是它的出现，不能说是最后一根稻草。但是，它会使这个危机呈现得更加剧烈、更加突出。

冯：而且危机就在那，你永远不会绕过它，只能是尝试着如何去解决它。可能［解决］时间越早，越会解决得更好一些；越晚，可能困难越大、苦难更深、代价更大。

赵：就是人类整体性的代价嘛。

冯：对，所以从命运共同体的角度来说，其实人之为人，像一个人，这是人类需要回答的一个问题，人类命运共同体需要回答的一个问题。但是命运共同体当中，哪些人来回答，谁来回答，怎么回答，什么时候回答，是人文社会科学知识、人文社会教育、从事人文社会科学知识教育的研究者和教育者需要思考和回答的问题。如果不是这样的话，从事人文社会科学知识教育的人的价值或者自我的救赎，在一定意义上来说，就会失去他的机会了，就会失去他的历史担当、历史责任。［这样的话］在祖宗、先贤面前，就不配做这样一个传承者、担当者，不配吃这碗饭。在梨园有一句话："老祖宗赏这碗饭。"你端

··· 对话：大东北土地上一位平凡教师的教育家精神

上饭碗，吃了这口饭了，但是你没尽了老祖宗给你这口饭的责任，文化责任、道义责任、历史责任没有尽到，就是有愧于祖宗。在这个意义上，现在人文社会科学知识，像你在课堂上那么讲，在一定程度上，这应该是很平常的、很正常的，学生为什么会哭，会掉眼泪，会那么情绪激动，恰恰是，可能在其他的课堂上少见，或者不触及，没有触及这些问题。又或者从历时的角度来讲，孩子们从小到大，也极少触及这个问题，他们接受的教育，社会教育、学校教育、家庭教育，也较少触及这样的问题，所以在他们的生命成长当中，没有人教会他们如何面对这个问题，如何去解决这个问题。但是不意味着这个问题不在，而恰恰是随着他们一天天长大，这个问题越来越大、越来越严重。这个问题，变得越来越无法回答，无法解决，可能到一定时候，这个问题反而就吞噬了他们。

五、谁拖后腿

赵：今天的教育，有人说，主要应重视学生成绩的问题，说有的人在拖后腿，但是谁在拖后腿……

冯：在拖谁的后腿？我觉得一个是学生的后腿，一个是社会的后腿，一个是国家的后腿，更大的是人类的后腿。

赵：我从来［都是］很自信的，当其他人说这些话的时候，我从来没觉得在拖后腿。我在认认真真地、兢兢业业地教书育人，是在真正地教书。我的能力很有限，但是我的心很热。我还是知道，我在学生心目中是个什么样子的。你是不是真的用心地在好好地去教学，在教育学生。什么叫教书育人？学生虽然看着"不着调"，但是他心里有杆秤。其实老师是不是真的负责任，是不是真的对他们好［他们都知道］。我对他们要求很严格。现在的大学课堂，一些老师不愿意管学生，比如有的老师上课，学生就在下面就玩，坐在第一排，在那玩手机、看平板，有的老师不管，不想惹学生不高兴。可凭什么？你以为那样就对学生好？那得多不负责任?! 其实你对他严一些，对他负责任，他知道的。像今年上课有学生，从别的地方带来的毛病，上课突然间就往外走。我问："干啥去？"他说："老师，我想上厕所。"我会直接说："你把手机送回去。"你要上厕所，我不能管你。上厕所，带手机干啥？然后，他就很尴尬地把手机送回去了，出去一会儿再回来。这种情况，就绝对不惯着那些毛病。

冯：你的脊梁不硬。你的脊梁硬，他自然就戳不动。

赵：你自己软骨，膝盖就软，站不直，佝偻着腰、驼背，软骨病，啥都怕，怎么能教出"站着"的学生？

冯：本身就不是挺立天地之间的一种人，就是脊梁不硬，所以才怕。

赵：我突然想起来，很多人说我眼里有光，我觉得眼里有光，是因为心里有光。

冯：心里有光，凛然、浩然之气，都贯通于你的血脉了。所以你的脊梁就硬、就直，直冲天地，你就无畏。所以这恰恰是你得"道"了，然后去行"道"，然后才有了你的这种生命的样态，然后别人才见到你是这样的，之后别人才说："你跟别人不一样。"恰恰是这样，所以是不是别人能像你一样？这就是你的课堂教学，你的课堂，到底是不是拖后腿？

赵：对。拖什么的后腿？在哪个意义上的拖后腿？

冯：到底是谁，拖了学生生命成长的后腿？拖了社会进步的后腿？拖了国家强大富强的后腿？拖了人类未来的后腿？我们不一定能给出答案，但是历史会给出答案。

赵：历史给不给答案，首先对我来说，已经给出答案了，我自己怎么活的，就是答案。如果我觉得，我真拖后腿了的话，也就没有这份底气啦！

六、人格影响

冯：［从］有文字的时候开始，知识的生产和传播，是少数人之间的事情。因为受限于知识的生产数量以及传播方式，比如那时候只能写在竹简上，只能是抄，到纸生产了，纸很贵，所以传播的方式受限，不是谁都能进行知识生产，也不是谁都能进行知识传播的。那么老师作为知识生产和传播二者集于一身的形象，可能根深蒂固的，有一种威权，因为他是知识的占有者，所以这种威权，可能在一定程度上就使得他不可侵犯，并且知识一定得是那个样子的。但现在我觉得不是这样的，现在突破了纸质版，使知识触手可及，只要愿意，随手就可以触及知识。在这个意义上来说，可能今天的一个儿童、学生，他触及某一个领域的知识，成长速度很快，不但超越同龄人，而且超越老师，甚至超越他老师的老师，［这种速度］就会很快，知识生产的速度、数量以及传播方式发生变化了，所以［知识］变得触手可及，［变成］一种泛在性的存在了。所以智能时代，老师上课，就是机器人和你一块儿上课。

赵：但是这里边涉及教育的一个最根本的东西，当下的时代环境，如果一个学生所要求的只是那种单纯的知识性的获取，其实可以有多种渠道；但是一个教师所能提供的人格上的影响，不是一个机器能够代替的。其实教学，如果真的从这个角度来讲，就把名校名师录成课了，那现在还要教师干嘛，还要一个实际的课堂干嘛？其实教育还有一个最核心的东西，是老师本身的人格、气质。这些东西，其实也构成了教学的一个非常重要的组成部分。如果单纯是知识性的获取，那网上就可以学，那么多的名师、课堂，在网上付费学习就可以了。其实很多学生的成长，并不是单纯地学知识，这个时代是一个知识爆炸的时代，哪里都不缺知识，网上一检索什么都可以得到。但是人为什么又活得如此无依无靠、没着没落的，恰恰是因为所有的这些东西，不能给你一个安身立命的根本，那人要怎么活，不是说这些就可以让他得到了。

冯：未来的课堂上，我觉得可能会人机共在。

赵：它可以是锦上添花，在术的层面可以做一些辅助，但是在真正的道的层面，永远都不是机器能够去完成的。

七、照本宣科

冯：可能这里面有一个问题，即老师需要自身的一个角色转变，因为现在很多的课堂还是老师作为知识传授者的形象存在，老师上课讲知识。

赵：知识都是照本宣科，就像中学语文课堂，带实习的学生，看他们讲课，就觉得很无语，一个固定的、模式化的、格式化的讲课模式，先讲什么、后讲什么，所有这些内容实际上都把它塞进去，最后流程走完，这就算一节课下来了，然后学生不知所云，根本没有人听课，因为带十个（实习的）学生，第一个学生怎么讲，后来这些学生基本上就能知道，他们每个人怎么讲，就是一个固定的模式，讲那些东西，学生自己都不知道他在讲什么。很多老师也是在照本宣科，他根本不是自己真实的体验和感受,讲出来的好多东西,不过就是照着教材、参考书的,直接再加上去。

冯:现在AI可以一键生成了,而且[写得]非常好。像DeepSeek、豆包都可以一键生成教案,你只要输入相关信息,比如七年级语文、上册、第三单元、第二课,然后把你的指令输入,就给你生成个教案。

赵:其实我们去年一直说人文学科所感受到的一种危机,以及人文学科的出路到底在哪里?我不觉得有这种危机,[有危机]说明从事人文学科的人还不知道自己最核心、最本质、灵魂的东西是什么,才会有那种危机感,机器永远都无法替代人,人在最核心处跟机器是不一样的。

冯:人有温度、有感情、有价值观。

赵:人有热爱、有向往、有追求、有信仰,这些东西机器他有吗?人有关怀,为什么感到恐慌?[感到恐慌]恰恰说明这些从事人文学科的人,自己压根没有这些东西,你才会感到恐慌,你把人文学科和自然学科都混为一谈了,你都不知道你自己是什么。

八、学科本质

冯:换句话说,其实可能是没有站在人文社会学科的本质上来考虑问题。自然科学解决的是外在于人的、世界的秩序本质和关系问题。人文社会科学是在自然科学之外,解决人的内在的精神归属、情感归属、灵魂归属、信仰归属,还有人与人之间有温度的沟通。有一段时间,美国的教育学者诺丁斯的关怀理论特别受到关注,在一定程度上表达了人文社会科学的一个特点,即现在的人文社会科学课堂和教学，在很多时候还没有回到它的本质属性上。

赵： 国外的那些人文学科，可能不是真正的人文关怀。从18、19世纪开始，西方人文学科是跟随着殖民进程才产生的，西方的人类学、社会学等学科的产生和发展，其实都是跟着殖民进程的推进而展开的。

冯： 我觉得你倒是启发了我，应对人文社会科学、智能时代的危机，可能需要回到中国传统当中去，才会找到一个智能时代的人文社会科学所存在的一个方式或方法。

赵： 这就像19世纪西方的文学，就是现实主义文学所发生的一个转向。这种转向就是因为自然科学的发展，自然科学日新月异，所创造出的科技上的迅猛发展和物质财富上的迅猛增加，于是就觉得自然科学可以改造外部世界、客观的物质世界，最后要运用自然科学的方法来研究文学。所以19世纪文学后来也是走了这个路子，用科学的、实证的分析方法开始进行文学创作，实际上恰恰是把文学给走偏了。［人文学科］完全是不一样的东西，科学可以标准化、量化、实证，但人文怎么量化学生的心灵到什么成长阶段了？不知道教育的本质、人文学科的本质，所以当然恐慌。

冯： 另外一个问题就是，人文社会科学的评价体系、评价机制可能都不适合这种学科。

赵： 首先对这个学科的认知就不对，所以当然评价体系也依然跟着科学的、量化的标准来考核，要从本质上知道我们的核心是什么，我们跟别人不一样，当然就不会去跟风，采用那样的一种考核标准。

冯： 其实可能涉及两个问题，一个是人文社会科学本身的知识生产的方式、研究的方式，另一个是你刚才说到的评价的方式，可能已经从整体上被自然科学化。包括教学方式、知识生产的方式、传播的方式、自身被评价的方式，被全链条的自然科学化或者是工具化，所以不是某一个方面，而是整体上的。将来如果机器人和老师一块上课的话，这可能是人工智能、机器人可以做的事情。可能知识的传授，机器人能完成，但是像你说的，像人文关怀、信仰、精神，不是机器人能完成的，这恰恰是未来老师在课堂上的价值，或者说老师是不是还被课堂需要。

九、以人育人

赵：老师当然被课堂需要，那就涉及什么是课堂，什么是教学。

冯：对。教书还是不是育人？换句话说，如果还是需要通过课堂、教学来进行育人的话，那育人一定是人来育人。

赵：如果人工智能可以解决一切的话，那孩子从小是不是都不用父母教了，孩子都不需要父母了？是不是一生下来，这些孩子就可以直接扔到（智能）环境当中去了，父母都不用操心了？为什么说父母是孩子的第一任老师，[在于]父母的言传身教，为什么有家风？为什么不一样的家风，培养塑造出来的孩子都不一样？人工智能能够去起到这个作用吗？就像人跟动物比，人跟老虎狮子比，爪牙有人家锋利吗？力气有人家大吗？速度有人家快吗？在面对禽兽的时候，人感到恐慌吗？人比禽兽强的是什么？拼的不是力度、不是力气、不是爪牙的锋利、不是速度，人区别于禽兽的是什么？要找到人区别于禽兽的最核心的东西，才会在禽兽面前有自信。

冯：那未来人不仅要区别于动物了，还得区别于人工智能了。从这两个角度来规定"人之为人"了。以前词典中解释人的时候，就是人和动物相区别来界定人的，在所有的《现代汉语词典》《新华字典》

《辞海》当中，都是从与动物的区别来界定人的，未来的字典和词典对人的界定还要加一个维度，就是人区别于机器人。在维度上来界定什么是人，参照系又多了一个，如果不从这个维度来界定"人何以为人"的话，那么人对自己的认识还是不清楚的。

赵：你没能在核心的层面去区别，在人家很多擅长的东西的层面去竞争，实际上你的优点、长处不在那儿。有些东西的确是可以被人工智能取代的，而且人工智能可以更高效、更安全，那何乐而不为，对吧？现在关于人工智能所有的焦虑，就是说所有的这一切，最后人才是核心、是根本。但是你看西方技术在发展的过程中，始终都有一个担忧，技术最后会取代人。所以 1984 年的时候，电影《终结者》一出来，就是机器人最后灭掉人类、奴役人类。但是中国的机器人出来可以去转手绢去，机器人可以去做各种有益于人、有益于社会的东西，那是说明文明程度不够高，所以才会有这种焦虑。回到中国传统文化里面去，知道人是什么的话，你何必焦虑呢？西方近代以来，认为人是高级动物。而在中国文化里，人什么时候是高级动物了？当然人和动物区分不开，人有欲望，这是跟动物相通的地方，但人一定有动物没有的东西。人是可以自强不息、厚德载物的，人怎么能是个高等动物？人是可以"参天地之化育"的。

冯：在中国文化当中，没有把人和动物放在一个维度上进行比较。

赵：你（人）跟动物不是一个东西，如果单纯地从物质性的层面，从力量、速度、牙齿这些方面去比，人是不如动物的。

冯：但这可能是一个漫长的过程，人文社会科学在课堂上，老师在应对智能时代的时候，转到对学生精神层面的关照、呵护、引导，转到对情感、情绪上的培养教育，转到对学生的精神关怀、情感关怀、态度关怀，转到对更深层次的"人之为人"的思考上，或者是对人的自我精神的追求、情感的丰富上，我觉得可能需要时间，需要一个过程。因为现在一部分老师还是停留在知识层面进行教学，那么一旦 AI 智能机器人进入课堂之后，这个［教学］空间就被智能机器人所占领或取代了，这时候这些老师就陷入一种无所适从、盲从的状态了。他觉得我原来掌握的那些知识、原来在课堂教的那些知识点，现在机器人都教了，都取代了。

赵：如果说机器人进课堂，就是谁主导课堂的问题。如果课堂是机器人可以去教学的话，就不需要老师了，还要老师干什么？如果真走到那个地步的话，大概就没有未来了。如果老师这个行业都能被机器取代的话，人类可能是没有未来的。知识又为什么非得到课堂上去获取？我看有个最核心的问题，为什么还要有学校？学校都不需要了，我们完全可以取消学校了。课堂一定不只是一个场所，课堂不是一个单纯物质性的场所的，它提供的不是一个纯粹物质性的东西。为什么要有学校？为什么要有课堂？学校不是只有大楼、操场的，课堂看似是一个物质性的场所，但提供的一定是精神性的东西，是在家里的电脑桌前，一个人从网上买一个课程来学，是它不能替代的。

十、像小学生

赵：我在疫情那几年上线上课的时候，非常不适应，因为没有什么东西可以取代面对面的师生交流。记得 2021 年秋天，我开始真正地走进课堂的时候，当时有一年的时间没有上线下的课，我大概是在博文楼（沈阳师范大学的教学楼），在走廊看到学生的时候，自己像一个小学生一样感受到那种欣喜。然后我终于可以看到带着肉身的学生，我能够看到他们真实的脸、真实的表情，他们所回馈给你的，那是完全不一样的，而且在面对真实学生的时候，〔需要〕不断地调整授课内容，互动的过程都在变，它根本不是机器能够去取代的。

冯：其实你和学生之间的信息互动，恰恰是在课堂上不断的互动当中、在下课不断的答疑当中，面对面的、相互的浸润浸染，然后彼此之间才生发出来。有相互之间的信任、爱护、依恋的，在彼此不断的互动、面对面的互动当中才生成的。如果不是在那样的情况下，很难生成人和人之间互动的东西，或者人和人在精神处能够相契合的、能够成长在一起的东西。

赵：就是一节课、两节课、三节课，学生对你可能都没有感受，但是你日复一日积累下来的时候，学生是知道哪个老师真的用心在教他们的，他会感知的。他有兴趣，首先是喜欢你、被你感动、被你吸引、愿意做你那样的人，他才会有后面的改变。你真的对他们好，你那种由衷的关心、爱护他们，希望把这个课好好地上好，希望对他们有所启发。他能感知到的，这个才是在学校里面真正对他有益的东西，否则他就不需要上学校来了。我们完全可以把各个学科最优秀、最顶级的老师录最精品的课，学生就在家线上学，不好吗？就像有小孩给我写信，他说他本来是旁听我的课，然后我在下课之后跟学生交流 50 分钟，他说他是真的被震撼到了，你说这是机器能给他的吗？

冯：这可能是你在学校教他的过程当中，在课堂和课下互动过程当中，慢慢生成的一种精神性的东西，可能日后一直陪伴他成长，要不然他不能在人生的某一个时刻、某一个节点再想起你了。

赵：这很正常，其实我们为什么觉得两千几百年前的屈原不陌生，一定是他在心灵的层面打动你了。

冯：在人之为人的层面，人所共有的一些东西的层面。

赵：对，而且是最核心的，它是一种向上提升你的力量。

冯：他用自己的生命，在不断地诠释着一些人所应该有的东西，甚至他不惜失去任何东西来成就这些东西。

赵：而且AI固然可以写文章、写诗，写得特别漂亮，但是其实是因为哪一个东西写得好，影响了你吗？我喜欢秋瑾是因为秋瑾的诗写得好吗？不是，是因为她活成了她向往的那个样子，没有向往，就无法热爱、渴望。我能上秋瑾故居的后面院子里时空穿梭，可以想象当年秋瑾跟陈天华一众人，在那里面想着救国救民，这种精神属性是AI永远无可替代的。

作为后记

生，我能够看到他们真实的脸、真实的表情，他们所回馈给你的，那是完全不一样的，而且在面对真实学生的时候，〔需要〕不断地调整授课内容，互动的过程都在变，它根本不是机器能够去取代的。

冯：其实你和学生之间的信息互动，恰恰是在课堂上不断的互动当中、在下课不断的答疑当中，面对面的、相互的浸润浸染，然后彼此之间才生发出来。有相互之间的信任、爱护、依恋的，在彼此不断的互动、面对面的互动当中才生成的。如果不是在那样的情况下，很难生成人和人之间互动的东西，或者人和人在精神处能够相契合的、能够成长在一起的东西。

赵：就是一节课、两节课、三节课，学生对你可能都没有感受，但是你日复一日积累下来的时候，学生是知道哪个老师真的用心在教他们的，他会感知的。他有兴趣，首先是喜欢你、被你感动、被你吸引、愿意做你那样的人，他才会有后面的改变。你真的对他们好，你那种由衷的关心、**爱护他们**，希望把这个课好好地上好，希望对他们有所启发。他能感知到的，这个才是在学校里面真正对他有益的东西，否则他就不需要上学校来了。我们完全可以把各个学科最优秀、最顶级的老师录最精品的课，学生就在家线上学，不好吗？就像有小孩给我写信，他说他本来是旁听我的课，然后我在下课之后跟学生交流 50 分钟，他说他是真的被震撼到了，你说这是机器能给他的吗？

冯：这可能是你在学校教他的过程当中，在课堂和课下互动过程当中，慢慢生成的一种精神性的东西，可能日后一直陪伴他成长，要不然他不能在人生的某一个时刻、某一个节点再想起你了。

赵：这很正常，其实我们为什么觉得两千几百年前的屈原不陌生，一定是他在心灵的层面打动你了。

冯：在人之为人的层面，人所共有的一些东西的层面。

赵：对，而且是最核心的，它是一种向上提升你的力量。

冯：他用自己的生命，在不断地诠释着一些人所应该有的东西，甚至他不惜失去任何东西来成就这些东西。

赵：而且 AI 固然可以写文章、写诗，写得特别漂亮，但是其实是因为哪一个东西写得好，影响了你吗？我喜欢秋瑾是因为秋瑾的诗写得好吗？不是，是因为她活成了她向往的那个样子，没有向往，就无法热爱、渴望。我能上秋瑾故居的后面院子里时空穿梭，可以想象当年秋瑾跟陈天华一众人，在那里面想着救国救民，这种精神属性是 AI 永远无可替代的。

在与赵芳老师日常对话,以及不断整理对话的过程中,渐有所感,兹录于下,是为记。

一、可离非道

过一个"值得一过"的人生。苏格拉底说,未经思考的人生,不值得一过。❶ 人作为存在,应该思考人如何存在,如何在世界中"一过"。寻到那条"值得一过"的人生之路。然后,一路,有所得,有所弃;时而欢歌,时而愁苦;或踔厉奋发,或勇毅前行。"所得"与"所弃","欢歌"与"愁苦","奋发"与"前行",都是为了"值得一过"的人生。

孟子说,学问之道无他,求其放心而已。❷ 看来,求其放心,乃人生第一大学问!

《道德经》中说:"有物混成,先天地生。寂兮廖兮,独立而不改,周行而不殆,可以为天下母。吾不知其名,字之曰道。"❸ "道"是"独立而不改""周行而不殆"的,是一客观存在。然老子必"体悟"

---

❶ 出自柏拉图《申辩篇》,是苏格拉底在雅典法庭上的临终辩护,他用生命诠释何为真正的"值得活"。
❷ 出自《孟子·告子上》。
❸ 出自《道德经·第二十五章》。

到这一客观存在，才能"字之曰'道'"。

《中庸》中说："道也者，不可须臾离也，可离非道也。"❶"道"，"不可须臾离"谁呢？当然是人。然而，这不是说"道""不可须臾离"人，而是说人"不可须臾离""道"。这里，对"道"的认识又进了一步。将"道"与"人"之关系密切在一起了。这种密切就是"不可须臾离也"。为何人"不可须臾离""道"呢？子思必于天地万物中"体悟""不可须臾离""道"，之于人之价值。

"道"于人之价值，何在？朱熹更进一步，从"道心"与"人心"之比较中论说："必使道心常为一身之主，而人心每听命焉，则危者安，微者著。"❷朱熹必于人生世事中"体悟"到"必使道心常为一身之主"，之于人之价值。

有"道心"，则可"素其位而行"："素富贵，行乎富贵""素贫贱，行乎贫贱""素患难，行乎患难""无入而不自得"；❸则可"万物皆备于我"❹，以达"天人合一"。

"体悟"是连接"道"与"人"的桥梁。通过"体悟"，人才能通达"道"，才能由"人心"而成"道心"。王阳明"忽中夜大悟格物致知之旨，寤寐中若有人语之者，不觉呼跃，从者皆惊"❺。此之谓龙场悟道。

人海之中，有共同"体悟"者，方能有"拈花微笑"之感。这是彼此精神的通达。然，可遇而不可求！

《道德经》中说："上士闻道，勤而行之；中士闻道，若存若亡；

---

❶ 出自《中庸》。
❷ 出自《中庸章句序》。
❸ 出自《中庸》。
❹ 出自《孟子·尽心上》。
❺ 出自《王阳明全集》。

下士闻道,大笑之。不笑不足以为道。"❶

二、心逐外物

道者为何?程子说:"心要在腔子里。"这句话初听起来,有些疑惑,谁的心不在腔子里呢?

仔细琢磨一下,还真不一定。这里的心不是指物质之心,乃是如朱子所言之"虚灵知觉"❷。这一"虚灵知觉"有时不免向外,为物所牵。物是一客观外在,心向往之,就会驰然而去。心随物去,物不免反客为主,成了心的主导,这就是心逐外物。

心逐外物,就会被其牵着、拉着、扯着、拽着,就会时松时紧,时抖时颤,时烦时忧,时苦时乐。心反主为客,就渐渐失去其所谓本心。大多时,一己之纠结,往往是客心与本心之纠结。

心要在腔子里,是说要将心从逐外物中收回来,使其成为一身之主。成为一身之主,才能以心率身,身与心随。

心要在腔子里,方可静而后定,定而后安,安而后虑,虑而后得。得什么呢?孔颜之乐。朱子所言每中夜以思,不知手之舞之,足之蹈之;阳明子中夜大呼、跃然而起。莫不如是!

三、教育精神

在教育领域,道,在一定意义上,表现为教师的教育精神。什么是教育精神?在理论层面,恐怕没有人能给出一个令人满意的答案。

---

❶ 出自《道德经·第四十一章》。
❷ 出自《中庸章句序》。

这是因为，教育精神不像教室、黑板、课桌那样，看得见、摸得着，而是"视之不见""听之不闻""搏之不得"。因此，对教育精神的理性定义似乎是不可能的。或如康德所言：这对理性来说，可能是永远都没有希望的事业。

但在实践层面，教育精神始终在场，从不缺席。如果静下心来，细细体味，人人都能感受到教育精神：浓厚，抑或稀薄；热烈，抑或平淡；高贵，抑或低俗；深刻，抑或浅薄。世界上有许多这样的东西，与面包、牛奶、咖啡不同，无色、无味、无形。比如自由，谁能拿出个自由让人看一看，指着它说，这是自由！但是人人都能感受到自由"存在"！教育精神与自由一样，在教育实践中，以"不在"的方式证明了自己恰恰"存在"！

对于一个"不在"的"存在"，竭尽全力描绘、颂赞与践行，这似乎是一件费力不讨好的事儿。但仔细想来，却不然：一方面，教育精神乃是无用之用。庄子云："人皆知有用之用，而莫知无用之用也。"❶另一方面，一些学校缺失的可能不是现代化的塑胶跑道、电子白板和智慧教室，一些教师缺失的可能也不是学历与能力、知识与见识。更为重要的是，人工智能延伸至教育领域，"人师"与"机师"并存的时代正在来临。

教育精神乃为师之"道"！

四、心之所向

王阳明对《大学》首章推崇备至，以为学问之道。他的弟子钱德洪记曰："吾师接初见之士，必借《学》《庸》首章以指示圣学之全

---

❶ 出自《庄子·人间世》。

功，使知从入之路。"❶

《大学》首章说："知止而后有定，定而后能静，静而后能安，安而后能虑，虑而后能得。"什么能知止、能定、能静、能安、能虑、能得呢？毫无疑问，是"心"。

孟子曰："学问之道无他，求其放心而已。"❷ 如何"求其放心"呢？"惟精惟一"。朱熹说："心之虚灵知觉，一而已矣，而以为有人心、道心之异者，……精则察夫二者之间而不杂也，一则守其本心之正而不离也。"❸

唯有精一之功，心才能知止、能定、能静、能安、能虑、能得，才能如曾国藩所言的"养活一团春意思"❹。否则，心无所止，终日匆匆，"如破屋中御寇，东面一人来未逐得，西面又一人至矣。左右前后，驱逐不暇。盖其四面空疏，盗固易入，无缘作得主定"❺。

《中庸》中所言："天命之谓性，率性之谓道，修道之谓教。"赵芳老师是一位明心见性之人。明了"心之所向"，则悟人生天命。

五、心是热的

每一次对话，对于我而言，都是精神的成长与醇熟。在一次对话中，赵芳老师说："我的心是热的！"于我而言，我所做的，不过是托举起她的这颗"热心"，捧献于世人的面前。

"士之读书治学，盖将以脱心志于俗谛之桎梏，真理因得以发

---

❶ 出自《王阳明全集》。
❷ 出自《孟子·告子上》。
❸ 出自《中庸章句序》。
❹ 出自《曾国藩家书》。
❺ 出自《朱子近思录·卷之四》。

扬。"❶在和赵芳老师对话的过程中，常常让我热泪盈眶。在整理这些对话的过程中，依然如此。我每一次都在想，是什么让我如此动情？每一次的答案都是：她身上的人性之美，她作为教师的德行之美！学生遇到这样一位可敬可爱的老师，是其人生幸事！

在持续对话、读到对话而热泪盈眶的时候，我常常在想：什么是永恒的？可能只有那些牺牲自我，为了他人、为了人类而无私奉献，敢于牺牲的人，他们的精神是永恒的，共三光而永光。冯友兰提出人生的四个境界：自然境界、功利境界、道德境界、天地境界。赵芳老师是有天地境界的老师。"孟子曰：'我善养吾浩然之气。'是气也，寓于寻常之中，而塞乎天地之间。""其必有不依形而立，不恃力而行，不待生而存，不随死而亡者矣。"❷

在与赵芳老师的对话中，她的"活"成一个人，这句话让我印象深刻。在她的言语中，"活"成一个人，就是放下违背"人"本身的内在规定性而去获取的东西，获得大自在；就是超越于功利之上，获得道德之上、至善的境界。"活"成一个人，就是在日常践履之中。

"活"成一个对社会有价值的人。以自己盛大从容、光风霁月的样子，点亮那些相信可以"活"成这个样子的人。在这个意义上，就是育人，就是成为对社会有价值的人。

"活"成一个对国家有贡献的人。以一己微薄之力，弘扬中华优秀传统文化、革命文化，在历史的长河中作出一朵浪花的贡献。

---

❶ 出自《王观堂先生挽词并序》，这句话是陈寅恪为王国维先生撰写的碑铭。
❷ 出自苏轼的《潮州韩文公庙碑》。

六、回顾来路

回顾其来时路,赵芳老师的家庭教育、求学经历、社会实践与读书经验是对她有着深刻影响的。

父母是孩子的第一任老师。家里的室内陈设、父母对孩子说什么话,讲什么故事,如何为人处世,都对孩子有着深刻而持续的影响。欧阳修"生四岁而孤",然其母为他讲父亲平生要事,尤其是为人、为官之事,"修泣而志之不敢忘"。父母的教诲,对于孩子而言,是何等的深刻!赵芳老师小时候家中潘冬子的剧照,父亲为她讲的红色故事,成为她童年精神的启蒙。

求学之路上,大学的外国文学课,引导她走上了研究生的成长之路。北京之行,受到学者的深刻影响,改变了她的人生路向,但却是她"最正确的一次选择"。

红色之旅,从韶山到井冈山,从古田会议旧址到延安革命圣地,从山西文水县刘胡兰牺牲现场到秋瑾故居,从橘子洲头到江西瑞金,睡过火车站、绿皮车座底下、铜像广场。这些成为她的精神成长之旅。

读书尤其丰富、拓展、深刻了她的精神世界。读书,非读之精,不足以思之深;非思之深,不足以悟之彻;非悟之彻,不足以行之成;非行之成,不足以动心忍性;非动心忍性,不足以变化气质。诚如朱子所言:"从容潜玩,存久渐明,众理洞然,次第无隐,然后知夫大中至正之极,……而几微之间,毫厘毕察;酬酢之际,体用浑然。虽或使之任至重而处所难,亦沛然行其所无事而已矣。"[1] 这便是

---

[1] 出自《朱子读书法·卷四》。

《大学》中所说的"至于用力之久,而一旦豁然贯通焉,则众物之表里精粗无不到,而吾心之全体大用无不明矣"。《中庸》中所说的"能尽物之性,则可以赞天地之化育;可以赞天地之化育,则可以与天地参矣"。